板倉聖宣セレクション
ITAKURA KIYONOBU SELECTION
1 いま, 民主主義とは
中 一夫 編

著者　2012年10月

撮影…………OPSIS

「板倉聖宣セレクション」の発刊について

板倉聖宣

　私は1963年の8月に「仮説実験授業」を提唱しました。それは私が満33歳のときのことで，今年2013年は，それから50年目の年になります。さいわい多くの方がたの支援によって，「仮説実験授業の研究はとても多くの成果を挙げた」と自負することができました。しかし世の中には，私たちの研究成果をまだまったく知らないでいる人々がたくさんいます。そこでこの機会に，私がこれまで書いてきた文章をまとめることを考え始めました。

　こういうとき普通は，「選集」とか「著作集」というものを作ることになります。しかし私は，これまで世に見られたような〈著作集〉を作ることに疑問を持ってきました。ごく特別の場合のほかは，〈著作集〉などという分厚い本を作っても，ほとんど利用されないと思ったからです。私はこれまでの研究生活の中で，《ガリレオ全集》とか《フランクリン全集》などを手許に置き，自分の研究に大いに利用してきました。そこで，そういう「著作集／全集」類似の本を編集発行してもらえれば，大いに役立つことがあり得るとは思います。しかし，万が一そういう本が編集発行されるとしても，

それは百年単位の未来のことに違いないのです。

　そんな未来のことは別にして,私は前まえから「これまで私の書いてきた文章のいくつかは,今の若い人々にも読んで欲しい」と思ってきました。そして,「そのような文章は,できるだけ厳選して,読みやすい小冊子にしたい」と考えてきました。さいわい私の周囲には,私自身以上に〈私の書いてきた文章〉のことをとてもよく知っている人々が何人もいます。そこで仮説実験授業の提唱50周年を期して,仮説社の竹内三郎さんにお願いして,私の書いてきた文章についてよくご存じの方々に,私の文章のうち,「今後とも少なからぬ人々に読んで欲しいと思われるもの」を厳選していただくようお願いしてきました。そして今回それを,「板倉聖宣セレクション」と題して,世に出していただくことにしました。

　すでに世の中に発表した文章は,それを書いた人の責任を無視できないとはいえ,筆者個人のものというよりも,社会のものになります。そこで,多少なりとも世の中に迎え入れられた文章を選ぶのは,その文章を歓迎してくれた人々だと言えるので,こんな選集の出し方があってもいいと思うのです。この「セレクション」は取り敢えず,分野別に5冊ほど出る予定です。比較的小冊子にしますので,周囲の人々にもお勧めしていただけたら嬉しく思います。

2013年4月8日

編者のまえがき
中 一夫

　この第1巻は,著者の幅広い仕事の中から「戦争と平和」「正義・理想」「民主主義」などのテーマに関する文章を集め,「現代社会での生き方」を探ることを意図して編集しました。これらのテーマは,一見,科学史家・教育学者である著者の研究分野とはかけ離れたものに見えるかもしれません。けれども,著者の研究範囲は一つの分野に限定することはできません。科学史家として出発した著者は,〈仮説実験授業〉という全く新しい科学教育の方法・理論を生み出し,科学教育・〈社会の科学〉などの研究を進めています。この巻に収録された文を読めば,著者のさまざまな体験や思索が仮説実験授業の中に生かされていることがわかるでしょう。同時に,仮説実験授業という教育理論・方法が現代社会の見方や生き方に大きな影響をもつものであることもわかるでしょう。

　この巻に限らず,著者の論文はその扱う分野が文系・理系などのジャンルにとらわれず多岐にわたり,しかもさまざまな分野の内容が思いもよらない形で融合して論じられます。まさに〈総合的〉な文の数々です。読者のみなさんは,そのはば広い視点と多角的な見方に驚かれるのではないでしょうか。ある決まったジャンルに分類することができないのが,著者の文の魅力でもあるのです。

　なお,この本によく出てくる言葉について,少しだけ補足をしておきます。

　〈仮説実験授業〉とは,科学の最も基本的な法則を教えることを目的とした授業で,周到に配列された一連の問題について予想—討論

―実験の過程を経る中で，目的とした法則が身につくように考えられたものです。〈**授業書**〉**とは**，仮説実験授業で使うテキスト（教材）のことで，「それに従って授業をするだけで，誰でも子どもたちから歓迎される科学の授業が実現できる」ように，たくさんの授業実践をもとに検討され，作り上げられたものです。そのような，「誰でも実施できて，どこでも成果が上がる」という〈授業書〉の発明が，教育の科学的研究のスタートとも言えるのです。

この巻には，その〈授業書〉の中でも，《禁酒法と民主主義》《生類憐みの令》という2つの授業書についての話がよくでてきます。その2つは，ともに「道徳と政治」を扱う授業書で，〈禁酒法〉と〈生類憐みの令〉は「民主主義や正義」を考えるうえで，典型的な教訓を与えるものだからです。

〈禁酒法〉はアメリカの議会で民主的に決められた法律で，1920年に発効し，1933年に廃止されるまで続きました。〈生類憐みの令〉は，日本の江戸時代に，徳川綱吉が1687年に実施し，彼が亡くなるまで22年間続いた法令です。2つの法律は，ともに「お酒は体にも社会にも悪いからやめた方がいい」「生き物をむやみに殺さず大切にした方がいい」という〈正義・善意〉から生まれたものです。そういう正義や善意で政治を行うと，どのような悲惨なことが起こるかということを示した得難い実験結果でもあるのです。

この巻は，政治や社会，それを動かす民主主義や正義・理想などの精神を根本から考え直すものとなっているのですが，著者の研究は常に現実の〈社会の見方・生き方〉にかかわっています。一人一人が正義や民主主義を自らの生き方の中で生かし，平和を作り出していくために，この本がお役に立つことを願っています。と同時に，この巻が膨大なジャンルに広がる著書の世界の魅力を伝えるものになっていることを願うものです。そしてこの本をきっかけに，著者の他の本も手にとってもらえたらと思うのです。

目次

「板倉聖宣セレクション」の発刊について……………4
編者のまえがき……………6

第1部
正義と民主主義の素晴らしさとおそろしさ……………11

第1部の内容……………12

最後の奴隷制としての多数決原理……………15

正義と民主主義の問題としての「いじめ」……………31

〈正義〉と〈善意〉を考えなおすために……………37
禁酒法／禁煙法の歴史から

間接民主主義を見直す……………43
直接民主主義の恐ろしさと,〈提案権〉〈決定権〉

「正義の政治」にどう対処するか……………53
「テロと戦争の時代の始まり」に

第2部
新しい時代の理想と民主主義のありかた……………61

第2部の内容……………62

オリーブ油と本と民主政治……………64
古代ギリシアの文明の起源

理想主義の再発見……………88

今後の理想をどこに求めるか……………98
不思議な言葉「資本主義」のなぞ

浮動票の思想……………114
予想変更と意見の変更について

第3部
自分の頭で考えられる人間を……133

第3部の内容……134

軍人たちの戦争と平和……138
「歴史から学ぶ」とはどういうことか

戦争は正義の衝突……167
中東戦争から学ぶ「ケンカ両正義」の原則

デマ宣伝を見破るには……174
科学的な考え方とは何か —— 高校生のために

科学とヒューマニズム……183
私の教育原理

未来を切り開く力……203

〈心の持ちよう〉と現実……208

あとがき……217

自己紹介の試み……218

発想法かるた
❶したくないことはせず・させず……60
❷実験すむまであきらめず……97
❸予想変えるも主体性……132
❹争いの元に正義あり……173

初出一覧……221

(凡例)

- 本書に採録するにあたり,原文の誤字などを訂正したほか,より理解を助けるために「　」〈　〉などの記号を補いました。また,漢字・かななどの表記を改めた箇所があります。
- 時代背景など,原文にはない注記を加えた箇所があります。〔　〕でくくった注記は,著者によるものです。
- 本書ではすべて横組みとし,句読点はカンマ(,),マル(。)を使用します。原文が縦組みのものは,その旨を文末に記しておきます。
- 数字は日本語の構造にしたがって4ケタ区切り(1,0000＝1万)にしてあります。
- 年号は西暦を基本とし,必要に応じて元号を併記します。
- 参考文献,引用文献については,すべて,本文の当該箇所に,そのつど示してあります。
- 初出データは,それぞれの文末に記してあります。後に単行本に採録されているものについては,その旨も記しておきます。また,巻末の221ページには,発表順の「初出一覧」を掲げておきます。

正義と民主主義の素晴らしさとおそろしさ 第1部

〈正義〉や〈民主主義〉は一般に「素晴らしいもの」とされていて、これに反対する人はほとんどいないでしょう。けれども、人と人の争いも、国同士の戦争も、お互いの〈正義〉がぶつかることで起こります。また、〈民主主義〉ということで、「みんなで決めたことだから」と、多数決による結論をおしつけると、少数派にとってはとても生きにくい社会になってしまいます。そういう矛盾をどう解決すればよいのでしょう。そういう〈正義〉や〈民主主義〉を根本から考え直す文章を集めました。（編者）

> 第1部の内容

●最後の奴隷制としての多数決原理

　この文章は,「多数決で決めたことには従うのが民主主義」という誤解を正すために書かれたもので,初出時より大きな反響がありました。「みんなが決めたから」と言って,それが正しいわけではありません。民主主義は,そういう多数決原理を越えた,一人一人の思想・行動・言論の自由を保障するものなのです。「みんながいやがる民主主義」にしないために,民主主義の生かし方を示します。

●正義と民主主義の問題としての「いじめ」

　学校の現場ではよく「いじめには毅然とした指導を」と言われます。けれども,そもそもどうして〈いじめ〉は起きるのでしょう？　著者は,「〈相手の悪いところは,本人がいやがっても教えて直させないと,本人のためにならない〉という正義感が〈いじめ〉をまねく」ということを指摘します。〈いじめ〉を根元的に考え,学校での〈いじめ〉問題から,正義や理想・民主主義へと話が広がります。

●〈正義〉と〈善意〉を考えなおすために

　この文章のもとになっているのは,板倉聖宣『禁酒法と民主主義』(仮説社)の「おわりに」と「あとがき」です。これを編者の責任で通読できるように

編集し，上の題名をつけさせていただきました。

　禁煙や禁酒は，人々の健康面からすればほとんどの人が「よいこと」と考えそうですが，それを法律で定めるとどういうことが起こるか。多くの人の善意から生まれたはずの法律なのに，それはしばしば守られず，密売酒はマフィアなどの勢力の拡大をもたらしました。しかも〈みんなで決めたよい法律〉であるからこそ反対しずらく，実際に廃止するには長い年月がかかってしまいました。

　人は正義・善意を抱くものであるからこそ，それに誤り導かれないためにも，冷静に〈社会の法則〉を読みとっていくことが必要になってくるのです。

●間接民主主義を見直す

　社会は，〈民衆の多数の声〉によってよくなるものでしょうか？　そうであれば，政治制度としては，民衆の声が直接的に政治に反映されやすい〈直接民主制〉を採用するのが正しい道のように思えます。けれども，大衆が正しい判断を下せるとは限りません。政治に素人である大衆の判断は，時に恐ろしい〈衆愚政治〉をもたらしてしまう危険性があります。禁酒法やヒットラー，古代のギリシアの政治制度などを見ながら，「民主主義の危険性を知ることで民主主義を守る」ことを考えます。

●「正義の政治」にどう対処するか

　2001年9月11日,アメリカ・ニューヨークの世界貿易センタービルなどにハイジャックされた旅客機が突っ込み,多数の死傷者が出た「同時多発テロ事件」は,冷戦後の世界に大きな衝撃を与えました。アメリカはその事件の首謀者とされるビンラディンが当時アフガニスタンにおり,「アフガニスタン政府（タリバン政権）が彼を援助している」ということでアフガニスタンを軍事攻撃し,タリバン政権は崩壊しました。

　そういう国際情勢の中で書かれたこの文章では,「〈テロ絶滅のため〉という正義があるからこそこの戦争が起こった」こと,「正義ほど恐ろしい結果をもたらすものはない」ことを述べています。そして,〈正義の政治〉に対して,長い目で見た〈教育の責任〉を主張し,〈ものごとを理解するための基礎知識〉の重要性を指摘しています。実際に原文ではアフガニスタン問題についての〈基礎知識〉を提供する「教師のための〈アフガニスタンの地理と歴史〉の問題集」が続いているのですが,ここでは紙数のつごうで割愛いたしました。

（編者）

最後の奴隷制としての
多数決原理

　最近,民主主義のことが気になって考えなおしています。「民主主義は素晴らしいものだ」——私はずっとそう考えてきました。「専制君主制度に対するたたかいの中から生まれた民主主義が素晴らしくないはずはない」——私はそう信じていました。私のように絶対天皇制のもとに教育を受けて,敗戦後になってはじめて民主主義を知ったものにとっては,民主主義は絶対的なものだったと言ってよかったのです。

民主主義はどれだけ素晴らしいか

　それなのに,現実の世界での出来事を見ていると,ときどき「民主主義は必ずしも素晴らしいものではない」ということを認めざるを得ない場面にでくわします。それで私の頭はしばしば混乱させられました。

　また,世界の歴史を見ていると,「君主制国家から共和制国家への移行」は必然的に思えるのに,必ずしもそうはなっていません。フランスなどは共和制と君主制の間を行ったり来たりしましたし,オランダは伝統のある共和国だったのに,今は君主

国となっています。若いころの私は「人々は専制君主主義よりも民主主義のほうが好きに決まっている」と思っていたのに，歴史が後戻りすることもあるのです。それに現代の世界の国々を見てみると，君主国よりもずっと独裁的な共和国がいろいろあることを認めざるをえません。

　世界の歴史の大筋では，「君主制よりも共和制のほうが進んだ政治形態である」ことは間違いありません。しかし，一度共和制国家が誕生して民主主義の思想が普及すると，君主制国家がその民主制を取り込んで「立憲君主制」という新しい政治制度をうみだして，遅れた共和制国家よりもずっと民主的な政治形態を作りだすことに成功してきたのです。そこで，「必ずしも，君主制→共和制とは言えなくなったのだ」——私はそう理解することにしました。

民主主義が好きではない子どもたちと大人たち

　しかし，そんなことよりも何よりも私の心を悩ましたのは，「現実の大人や子どもたちが必ずしも民主主義が好きになっていない」という事実でした。学校の生徒たちは何の授業が嫌いかといって，クラス会・自治会ほど嫌いなものはないようです。「これはどうしたことだ」というわけです。

　もっとも，生徒会・自治会のような場合は，本当の自治権が確立していなくて，学校・教師の支配下での自治に過ぎません。そこで，「そんないいかげんな自治・民主主義が嫌なのだ」と考えれば簡単に解決がついたようにも思えます。しかし，大人の場合はそう簡単ではありません。じっさい，「民主主義だ，なんだかんだ」と言われて，長くて退屈な会議・会合に付き合わされるのはたまったものではありません。そんな時は，「だれかが一方的に決めてくれたほうがいい」と思えることも少なくな

いのです。

　大衆がうんざりするような形式的な民主主義が続くと，人々は偉大なリーダーを求めてファシズムへの道を進むようにもなるのでしょう。そんな場合，大衆にとっては，「民主主義というのはファシズムよりもさらにずっと悪いもの」と思われているわけですから，「民主主義を守れ」と大声で叫んでも仕方ありません。「民主主義が大衆のものになっていない」「民主主義が大衆にとって悪いとしか思えないものになっている」ということを問題にしないわけにはいきません。現実の世界の中では，民主主義というのは，そんなに素晴らしいものではなかったのです。

民間教育団体の総会を見ても分かること

　こんなことをいうと，「大衆の意識は遅れているから，その意識を変革させなければならない」という人が少なくありません。しかし，普段そんなことを言っている人たちだって，あまり違わないようです。民間教育団体の全国集会などへ行くと，「集会全体の参加者は5百人〜1千人に達していても，その会を民主的に運営するための総会といった会合には50人〜30人しか集まらない」という会が少なくありません。会合に参加しても，その会の「民主的運営」には興味がないというか，退屈するという人たちが大部分なのです。そこで，「ごく一部の熱心な人たちだけ」「委員の数より少数であることも珍しくはないような少数の人たち」によって，面白くもないような議事が進められたりするのです。

　こんなことをいうと，「もともと総会というようなものはつまらないものに決まっているから仕方がない」という人がいます。しかし，そんなことを言うのは，民主主義の原則を考える

とおかしなことです。ところが、多くの人々は、「民主主義というのは、退屈でつまらないものであっても、その形式を踏まなければならないものだ」と考えて我慢したり、避けて通ったりしているのです。

こういう状況に対して唯一の例外とも言えるのは、仮説実験授業研究会の総会だけだといっていいでしょう。仮説実験授業研究会の総会は夏の全国合宿研究大会のときに開かれますが、総会が始まっても人数が減ることはありません。最近は、総会を楽しみにしている人々が増えて、その席だけは出てくるという人も少なくないのです。

みんなが楽しくなければ民主主義とはいえない

どうしてそんなことになるのかというと、答えは簡単です。仮説実験授業研究会では、「素晴らしいことは楽しくあるはずだ。楽しくないものが素晴らしいものだなんて信じられない」といった考え方をとる人々が沢山いるからです。そこで、「総会」という会運営の民主主義の要(かなめ)となる集まりを楽しく運営することに工夫を凝らしてきているからです。

たとえば、この総会ではこまごまとした会計報告はやりません。やったとすれば、「そんなつまらない報告はやめろ」という声がかかります。会計報告を詳しくやれば会の会計の事情がよく分かってみんなで会の運営のことを考えられるようになり、それが楽しければやればいいのですが、たいていの場合は、委員会側の官僚主義的な形式主義で報告しているにすぎません。詳しい報告をしたからといって、委員たちの職権乱用が防げるというものでもありません。委員たちを信頼しているのなら、ごく大まかな会計報告だけを聞いて、会の収支はどういうものがどんな感じになっているかを知るだけでいいのです。そこ

で,仮説実験授業研究会の会計報告は「万円単位で端数は省略」し,大体の様子をグラフに書いて示すだけのものとなっています。研究会の予算など総額が小さいので「持ち逃げしたくなる程のものでもないし,委員たちの労働量に見合うものでもない」ので,委員たちが自由にやるのに任せておいたほうがいいのです。

最近の仮説実験授業研究会の総会が楽しいのは,来年の総会の開催場所を決める推薦演説や応援演説が面白いからであるようです。この研究会では次年度の大会の開催地を決めるのに,「委員会原案」といったものなしに,いきなり大会で議論します。そこで,どういう結果になるか分からないところが面白いのでしょう。「そんなことをすると,大所高所から見た会運営ができなくなる」とか「来年の大会の開催が危なくなる」という考え方もあるでしょうが,幸いなことに仮説実験授業研究会の大会は開催したいというサークルが少なくないので,こんなことができるのです。また,大会の開催地に関して大所高所から見た考えというものがあるのだったら,そういう考えも出してみんなで考えるようにしたほうが,「みんなで会の運営を考える」のにいいことは明らかです。みんなが考えてもいい知恵が出ないような細かなことは別にして,「自分の意見を出したり他人の意見を聞いたりするのが楽しい」というようなものに限って会議を開けば,その会合は楽しくなるはずなのです。

仮説実験授業研究会の総会の運営の仕方はすべての組織に適用できるとはいえません。しかし,その考え方の基本――「民主主義というからには,みんながその民主主義の運営にうんざりするような会の運営をしてはならない。みんなが会を盛り立てていく楽しさを味わえるようなものでなくてはならない」という考え方だけは生かしていけると思うのです。それこそが本

当の民主主義を守る道だと思うのです。

形式民主主義は官僚主義への道

　こんなことをいうと,「現実の会合はそんなわけにはいかない。職員会議だって何だって,現実の会議はそんな生やさしいものではない」という反発が返ってきそうです。

　しかし,自分自身で会を組織した経験のある人ならすぐに分かることだと思うのですが,「組織を運営することはかなりの苦労を要することであるとともに,とても楽しいことでもある」ことを忘れることはできません。そうでなければ,自分たちで組織を作ったり維持したりしようという気になるはずがないではありませんか。

　運動会をやるのが楽しいのなら,それをうまく実現するための会議も楽しくできるように工夫できるでしょう。子どもたちの非行を無くすのが理想的なことであるのなら,「その非行をなくすための工夫をすることは楽しくなるはずだ」と思うのです。どこかに工夫の余地があると思うのです。しかし,それが理想的でなく楽しい目的をもったものでなければ,そんなことをやるための会議はできるだけやらないようにすればいいのです。「それが民主主義というものだ」と思うのです。

　「民主主義であるからには,その成員みんなにとって楽しく理想的なものでなくてはならない」と考えると,現在ふつうに言われている民主主義とは何なのか,考えなおす必要がおきてきます。

　「形式民主主義」というのは何なのでしょうか。「それは,選ばれた人たちの特権を擁護するための官僚主義にほかならないのではないか」——私にはそう思われてなりません。人々に「民主主義というものは退屈で詰まらないものだ」と思わせること

ができれば，それらの人々の自由な発言を封ずることができるようになります。そこで，委員や官僚たちは，形だけ「民主的」と言われるつまらない会合を開いて，人々の発言を封ずるのです。そこで，人々は民主主義がきらいになるのに，委員たちは「民主主義とはもともと退屈なものなのだ」と教え，「その退屈な手続きを経ないで自由に発言しようなどとしてはいけない」といい聞かせて，みんなのやる気をなくさせてしまうのです。

最後の奴隷制としての民主主義

　民主主義というものが「退屈である」というだけのものであるならば，たいした問題ではないかもしれません。大衆は選ばれた人たちの後についていくだけでもいいのです。しかし，現実の民主主義というものは，もっと悪いものになっていることが少なくないようです。「ときには，それはとても恐ろしいものにもなる」のです。じつは，最近になってはじめてそのことを自覚するようになったので，こんな文章を書き始めたというわけです。それが，今回の題名に掲げた「最後の奴隷制としての多数決原理」に関する話題です。

「民主主義というものはいいものにきまっている」という考え方からすると，この標題はいかにも挑発的なテーマです。奴隷制などというものは，どういう見方からしても「いいもの」ではありえないからです。

「奴隷」という言葉には二つの意味あいが含まれています。狭義の意味では，「奴隷とは〈人身売買の対象になる人間〉のことだ」ということになります。そして，広義では，「自分自身の意志に反したことを強制的にやらせられる人間のこと」ということができるでしょう。ここでいう奴隷制というのは，その広義の意味での言葉です。

しかし、狭義の意味での奴隷のことだって全く問題にならないわけでもありません。いわゆる民主主義が確立した国や社会でも、狭義の奴隷が存在することがあるからです。民主主義的な多数決で奴隷制度を維持することもできるからです。実際にそういう社会はいくらでもありました。この例を見ても、「民主主義的な多数決原理というのは必ずしもいいものではない」ということは明らかです。

基本的人権の思想

それならどうしたらよいのでしょうか。

じつはそのことは昔から問題になっていたのです。そして、そのことを憂えた思想家たちは、昔から民主主義的な原理に優先するものとして、「基本的人権」という概念を産み出したのです。「いかなる社会といえども、基本的人権というものは犯してはいけない。基本的人権が犯されたら、いかなる法も有効性を失う」と考えて、「自然法」という概念を生みだしたのです。「どんな社会の法も自然法に反してはならない。自然法はあらゆる法に優先する」というわけです。

私のように、敗戦後すぐに「民主主義の素晴らしさ」を納得した人間は、その民主主義の理解の前提として、「そのような〈基本的人権〉や〈自然法〉の理解」がありました。それがなかったら、民主主義なんていうものは少しも素晴らしいとは思えなかったことでしょう。それなのに、「その基本的人権という思想なしに民主主義がもてはやされたことから問題がおかしくなってきた」と思うのです。

敗戦直後の私たちにとっては、あの「大東亜戦争」の責任追及が大問題でした。あの戦争は、よくも悪くも大多数の国民の支持を受けて行われたものです。「だから悲惨な結果になった」

と思うのです。

しかし,「大多数の人々の支持でやった戦争だから正しい」ということはできません。そこで,「大多数の人々が支持し賛成したことでも間違いがあるし, それに従わなくてもいいことがある」という考えをとらないと, 平和運動も貫けなくなります。

ですから, 私のような人間には, 民主主義の理解の前提として, どうしても「基本的人権」や「自然法」の理解が必要になったのです。

戦後広められた〈民主主義の絶対性〉の神話

ところが, 敗戦後,「あの〈大東亜戦争〉は一部の軍部が行ったものだ」という理解が広められました。私は, 長い間「どうしてそんなことをいうのだろう」と不思議でなりませんでした。しかし, 今から考えると, それは,「民主主義の絶対性を宣伝するため」だったのです。

「民主主義というものは間違いを犯し得ないものだ」というためには,「あの戦争は一部のものが勝手に始めたものだ。だから悲惨な結果になったのだ」と教える必要があったのです。しかし, 大部分の国民が反対であったら, たとえ戦争が始められたとしても, 間もなく「国民の反対によって停戦にすることぐらいはできたはず」です。「民主主義だって間違えることがある。だから私たちは勉強しなくてはいけないのだ」——私はそう考えるのです。

じつは, 私が自然科学の教育に大きな魅力を感じたのは, 自然科学の教育こそ, 人々に「多数決では真理が決まらない」ということを教えてくれるということを知っていたからでもありました。そのことが分かれば「民主主義で多数決で決めたことでも間違っていることがある」ということも理解しやすくなり

ます。そこで，自然科学そのものの教育というよりも，もっと基本的な教育として自然科学の教育をする意義を認めたのです。

〈生類憐みの令〉と〈禁酒法〉の例

自然科学の教育の素晴らしさは，何といっても「押しつけなしにできる」ことにあります。仮説を立てて実験を重ねるようにすれば，誰だって認めざるを得なくなるのが自然科学の伝統です。そこで，私の思いなどとは関係なく，科学の基本的な原理法則を教えようとすると，自然に思想的な事柄についても感ずるところがあるようになってくるのです。

しかし，そうはいっても，自然科学と社会・人文科学とは別の領域なので，自然科学から得られた教訓がその他の分野にどれだけ生かされるものか，必ずしも分かりません。そこで私は，社会・人文科学に関する授業書も作りたいと考えました。そして，《日本歴史入門》についでできたのが《生類憐みの令》と《禁酒法と民主主義》の授業書でありました。この二つの話を対比すると，専制君主綱吉の理想主義に基づく〈生類憐みの令〉と，憲法改正までして制定したアメリカの〈禁酒法〉とで，どちらが悲惨な結果になったか，察することができます。専制君主が制定した無理な法律は必ずしも監視が徹底しませんが，民主主義で決めた無理な法律は民衆同士が監視し合うことになって，さらに一層大きな社会的な歪みをもたらしかねないのです。

「民主主義だから」といって，また，「みんなの望んでいることだから」といって，やたらに法律や規則を作ってはならないのです。「民主主義的な手続きさえ守れば何を決めてもいい」ということはないのです。そのことはずっと昔から気づかれてい

たのでしょう。決議の内容によっては〈過半数〉ではなく「3分の2以上の賛成で決議する」とか「4分の3以上の賛成を必要とする」といった決議条件を付して決議することもあります。

しかし，それでも決議してはならないことがあります。誰かの基本的人権を犯す恐れのあることは，たとえどんな多数決でも，決議してはならないのです。

民主主義が奴隷制に陥らないための条件

それなら，どんな決議をすることが他人の基本的人権を犯すことになるのでしょうか。どんなことなら決議をしてもいいのでしょうか。

結論的に言えば，私は，「多数決というのは，もともと少数派を奴隷的な状態に置く決議法である」という理解のもとに，「できるだけ決議をしないということが大切だ」と考えています。「決議をするときは，少数派を奴隷にしなければならないほどに切実なことだけ決議をしろ」というのです。

たとえば，昔から泥棒は捕まえて処罰します。牢獄に入れてその自由を束縛したりします。つまり，その泥棒を一時的に奴隷状態に置くわけです。しかし，人々は「それもやむを得ないことだ」と考えています。「泥棒を放置しておくと安心して生活できなくなるから，泥棒は奴隷状態にするのも止むをえない」と考えているのです。脱税する人々も同じです。交通事故の罰金だってそうです。「罰金なんて払わない」と頑張ると逮捕されてしまうでしょう。民主主義の社会に於ける立法というものはそういうものなのです。それだけの決意のない法——「違反者は断固として奴隷状態に置くことも辞さない」という決意のない法はナンセンスな法なのです。

国家レベルでの決議は専門家がいるせいもあって，それほど

おかしな決議はしないようになっています。それでも、支払能力のない人々に税金を強いたり、徴兵制度を設けて人々を軍役につかせたりします。そこで、それに対する抵抗が組織されたりしますが、それは、国家によるそのような強制が人々の基本的人権——最低限の生活を保証されるという人権や、戦地で他人を殺したり殺されたりしない人権を擁護するためです。

　民主主義的に決議されたものでも、人々の必死の抵抗を受けることがあって当然なのです。そこで、国家というのは、民主主義的な国家であっても、一つの暴力機関として機能することもあるわけです。その意味で、「民主主義の絶対性」を口にする人々は、文字通り少数派を奴隷状態に置くことに心の痛みを感じない「多数派的奴隷主義者」として恐れなければならない存在となるのです。

多数決で決めたことは、反対派でも従わなければならないか

　それでも、国家の場合は長い間の多くの人々の知恵が反映されているので、「民主主義が奴隷制度の局面を露呈すること」は比較的少なくなっていると言えるでしょう。問題は、私たちの身近な組織での民主主義的な決議です。

　それが、「専制的な支配者に反対する決議」のときは、ほとんど問題が起きません。そういう決議に反対する少数派は、権力者によって保護されることが多いからです。しかし、「権力者に対する抵抗としての決議」ではなく、「権力者に迎合した決議」の場合は、少数派はそれこそみじめな存在になります。中国での〈文化大革命〉の悲惨さはそのいい例ともいえるでしょう。日本でも、事情を知らないせいもあって、中国の文化大革命に対して万万歳を叫んだ人が少なくありませんでしたが、他山の石として反省すべきことと思うのです。

よく、「多数決で決めたことは、それに反対だった人々も従わなければいけない。それが民主主義というものだ」という人たちがいます。実際、民主主義の教科書のような本を見ると、そんなことが書いてあります。しかし、それは本当にそうなのか、私は疑問に思うことが少なくありません。

　たとえば労働組合では、〈選挙のとき何党を支持する〉といった決議をすることがあります。そんなとき、〈組合員はその決議に従ってその党に投票しなければならない〉ということまで意味するのだったら、それは基本的人権に反することで、そこまで束縛するのは組合員を奴隷的状態に置くことになります。自分の支持する政党以外の政党の宣伝ビラを配るなどといった選挙運動をさせられるのも、奴隷的状態といえるでしょう。そんなことは、するべきことでも、させるべきことでもありません。ところが、これまでの民主主義の理解では、往々にして「そういうことまで多数決に従わなければならないものだ」と考えられていたりするので、少なからぬ人々は民主主義というものをうっとうしく感じるようになるのです。

　その他、どんなことでも、反対する人々がいるのに多数決で決めて「多数決で決まったことだから」といってその実行を迫るのは、その少数派にとっては多数派に対する奴隷的忠誠を求められることになります。そんなことは、自分の思想信条を大切にする人々にとっては耐え難いことであるに違いありません。そんなことを強いられるくらいなら、その組織を脱退するよりほかなくなります。政党や組合などが分裂を余儀なくされるのは、「いわゆる分裂主義者がいるせい」ではなく、そういう事情のせいなのです。そこで大同団結が必要なら、必要最低限のことだけ決議をして、その他のことは各グループごとの積極的な行動に任せるほうがいいのです。

少数派を尊重することの難しさ

　そんなこともあって,よく「少数派の意見を大切にしなければいけない」と言われますが,少数派の意見の尊重というのは大変難しいのです。それは,たいていの場合,多数派にとっては「自分たちの主張・考え方が正しいに決まっている」としか思えないことが多いからです。「万が一,どうかすると少数派のほうが正しいのかも知れない」とか「多数派の意見が正しいにしても,少数派を尊重しないともっと大きな問題が起きる」といったことについては,切実な経験をした人々でないとなかなか理解できないのです。仮説実験授業が人々の共感を得るのは,その授業が〈なかなか得難いそういう理解〉を増すことに役立つことになるからでもあります。

学校での多数決の問題

　民主主義が多数決をとるのは,「専制君主に対して自分たちの意志を明確にするときがもっとも効果的」です。学校の運営でも,校長が多くの教師の意志に反することを押しつけたりするときには,「みんなの意見はそれに反対である」ということを示すために多数決でその意志を明らかにすると効果的です。校長がそういう多数決に反した処置をすれば,さまざまな支障が起きることを覚悟しなければならないのです。権力者が多数意見を無視して事を運んだら,サボタージュその他のさまざまな形の行動にでも訴えて抵抗しないと,何時までたっても多数の意見が無視されて,民主的な社会を維持することができなくなります。

　しかし,権力者のいないところでは,そうではないのです。「多数決で決めたことだからといって,みんながその決議に従

う必要はない」というようなことをいうと、「そんなことをいうと、社会がなりたたない」という人がいます。「クラスで掃除当番を決めるとき、〈ぼくは反対だからやらない〉などと言い出す者がいたらどうするのだ」といったことを心配する人がいます。

　じつは、教室の掃除のことなどは、「クラス会で多数派が少数派を従わせるような決議をして決めるような事柄ではない」のです。学校の掃除は必ずしも生徒がやるものとは決まっていません。現に、大学などでは教室の掃除を学生がやらないのが普通です。

　小中学校の掃除を生徒がやることになっているのは、多少教育的配慮があるにしても、教育委員会や学校の都合で決めていることです。ですから、その末端である教師が監督してやらせるべきことになっているので、掃除をさぼる子どもに対する監督責任はクラス会にあるのではなく、教師にあるのです。それを子ども同士に監督させたりするのは、「いやらしい植民地支配」と同じことになります。そんなことをするから、民主主義が嫌いな子どもたちが増えてしまうのです。掃除の仕方について教師が子どもたちの意見を聞いて、できるだけその多数意見を採用しようというのはいいことです。しかし、「その施行責任が教師にある」ことを忘れて、子どもたち同士を対立させてはならないのです。

民主主義の恐ろしさを知って民主主義を守る

「学校だけでなく社会でも、みんなが自由勝手なことをするようになったら、この社会はメチャメチャになってしまうのではないか」という人がいます。「どこかに勤めても、〈働きたくないから働かない〉などとワガママをいう者が現れたら大変だ」という人がいます。しかし、それは多数決とは関係ないことで

す。会社に勤めたり学校に勤めたりするのは,〈本人と企業側の自由な契約〉によるものです。契約に反して働かなければ解雇されても仕方がないのです。

　学校でも,いくら民主主義だからといって,すべての問題を職員会議などの多数決によって律していこうとするのは間違いです。そんなことをしたら,みんな民主主義が嫌いになってしまうでしょう。〈校長などの管理責任に関すること〉と,「民主主義的な多数決によって少数派を支配する」ということとを混同してはいけないのです。得てして,組合が強いところなどでは,「民主主義が嫌いになる教師が現れたりしても当然」と言えるでしょう。独善的な校長の支配ならなんとか我慢できても,「多数派による少数派の支配」は,村八分的に徹底的に行われることも多くなり,耐えがたいものになるのです。

　だから,私は——いまのところ民主主義よりもいいものがない以上——その民主主義を守るために,「民主主義は時によってはもっとも恐ろしい奴隷主義にもなりかねない」ということを承知の上で事に当たる人々が増えることを期待して止まないのです。

［初出］
『たのしい授業』仮説社　1987年4月号　No.50
(板倉聖宣『社会の法則と民主主義』仮説社　1988年所収)

正義と民主主義の問題
としての「いじめ」

　イジメというのは昔からあったわけです。近年は新聞とかテレビなんかでも「社会的な大問題」としてとりあげられますが，じつは，「イジメの根本をはっきりさせないままに，あるいはまるで見当違いな診断をもとに現象だけが大問題扱いされること」が大問題なんですね。

正義のあるところにイジメあり

　イジメル側には必ず何らかの正義感──「汚ない奴をきれいにしてやろう」とか，「勉強できない奴を向上させてやろう」とか──があってね，それでシゴクと思うんです。それは多かれ少なかれ「自分自身はかつてそのようにシゴカレて向上した」という経験があるからでしょうね。たいていの人は，「あの時はつらかったけど，あのおかげで現在の自分がある」と思い当たる。だから「たとえ本人がいやがっても，どうしても教えてやらなきゃならないことがある」ということを否定できる人は少ないんです。イジメが発生する根底には，そういうことがあると思いますよ。「生まれてから一度も叱られたことのない人

がいた」としたら，そういう人の対応はちょっと普通と違ったものになるかもしれませんがね。

　だから，「教育というのは，たえずシゴキになる危険性がある」わけです。学校というのは，できない子をできるようにするためにあるんだけど，できないことがいろいろある中で「何をこそ本当にできるようにしてやるべきか」ということがはっきりしてなくて，しかも「どうしたら確実にそれをみんなに教えられるか」という方法がまるでわからなかったら，シゴクよりしょうがない。「私だって苦労したんだ。努力しろ！」ということになる。「目的について納得できないこと」を，しかも「成果についてまったくアテにならないこと」をやらされたら，これは「イジメラレテルとしかいいようがない」でしょう。歴史的にも「学校教育はイジメルことで成り立ってきた」といっていいような面があるわけです。

　だから，イジメ事件が起こったときに「教師の責任」が問題になるけど，その場合，なんだか「子どもを監視していたかどうか」というようなことばかり追及されたりする。何か「特別の兆候に気づかなかったかどうか」というようなね。

　そこに気づくということはあってもいいわけですが，でもそれだけじゃおかしいんで，教師の責任というのはもっと違うところにあるわけですよ。もっと根本的に「イジメでない授業をする」というのが教師の責任でしょう。ただ，学校とか授業とかは伝統的にイジメルような構造になっているから……「勉強とはつらいものだ」とか「子どもがかわいいからシゴクのだ」なんていうのが一般に常識みたいになっているから，「かなりイイといわれてる教師でも，やってることはイジメと同じじゃないか」なんていう問題意識が出てこない。「社会が歪んでいるからだ」なんて，わかったようなわからないようなことをい

ってるのが無難ですね。でもそれでは「対策をたてる」といったって，せいぜい「もっと監視を強めましょう」ということにしかならないはずです。

おとなの価値観を反映するイジメ

〈イジメっ子〉というのは，教師なり親なりの価値観を反映しているんですが，おとなは一応社会的な常識があるから，シゴクといってもそう徹底的にはやらない。そのことは，ある子どもたちからすれば「いいかげんだな」と感じられるわけです。そこで，「教師がちゃんとシゴかないのなら，オレたちがちゃんと教育してやろう」ということになる。だから，〈その根底には正義感がちゃんとある〉んですよ。そう考えないと，〈クラス中の子どもが一致してある子をイジメル〉なんていうことは理解できない。個人的なウラミなんかでは，イジメが集団的になることは絶対に考えられないですから。

それを，「近ごろの子どもはインサンになった」とか「社会のせいだ」なんていったって，どうしようもないでしょう。イジメというのはいつの時代にだってあったし，それはいつの時代だって正義の問題とくっついていた。ただ，「鼻をたらしてる」とか，「汚ないかっこうをしている」とか，「勉強できない」とか，「だらしない」とか，そんなのはごく普通のことだったから，集団的なイジメの対象にならなかっただけのことでね。だから，昔のことをふりかえるより，「これからどうするんだ」という方向で考えなきゃならない。

それで，「イジメというのは正義感とか理想というものとくっついている」んだから，「その正義や理想をどう実現していくか」ということを教えていかなきゃならない。「イジメたりシゴいたりしたって，理想はそんなに簡単に実現しないんだ」と

いうこと，でも「別の方法でいけば，着実に実現することもあるんだ」——そういうことを教えていかなきゃならないんですよ。正義というのは必ずおしつけを生んで，「〈正義のおしつけがもたらした悲惨な結果〉から人類がやっとのことで学びとったのが民主主義なんだ」ということを教えなければならない。「おしつけで実現できるような理想」というのは，「そんなものは理想でもなんでもないのだ」ということ，そして民主主義というものをちゃんと教えてやらなければならないんです。

　そうでないと，叱られた子どもは全然納得できないですよ。「先生になりかわって正義を実行した」のにね，先生からも非難されたりする。「それなら先生がもっとしっかりシゴイてやればいいんだ」というふうにしか思えない。そりゃ，「たてまえ的にはほめられるようなことじゃない」ことはわかってるから，その場ではあやまったとしても，心の底では納得してない。「おとななんて信用できない」という気持ちが残っちゃうでしょう。だって先生は「おまえ達のことを思ってシゴクのだ」って言うでしょう。そりゃ「シゴク」なんて言わないで，「教える」って言うんだけど，そのことがシゴカレルことだという感じはあるわけでしょう。

　ただしね，ふつうの子どもたちは先生のやってることを，「シゴキじゃなくて，親切で教えてくれてるんだ」というふうに感じているはずですよ。それは，皮肉とか悪意のある受け止め方じゃ，決してないです。「本当にそれが自分たちのためである」ということを了解してるんですね。だから同じことを他の子どもにもしてやろうとするんです。

たのしい授業は民主主義を実感させる

　イジメの問題を解決するためには，教師が授業でイジメルの

をやめなきゃならない。そりゃ,「現在の学校教育を全部一度に変える」なんてことはできないけど, たとえ1時間か何時間でも, たのしく学べるようなことをやれば, 子ども達も希望がもてるでしょう。「強制されなくても, たのしくやっていても, 自分たちのためになることがある」——それで全部解決するわけじゃないでしょうけど, 基本的にはそうやっていくよりしょうがない。「イジワルしなくても, 子どもたちがよろこんで勉強することがある」し,「そういうことこそ学びがい教えがいのあること」なんです。

教師だって, 親だって, 社会でしょっちゅうイジメられてるでしょう。反対にイジメたりね。先生同士でイジメあうことだってあるでしょうし, 生徒にいじめられる先生だっている。読んでると〈イジメられてるような気分になる文章〉ならたくさんある。書いてる本人はその気がなくてもね。「みなさんもすでにご承知のとおり」なんて書いてあったら,〈それ知らない人〉はどういう気がするかと思うんだけど, 多いですね, そういう文章が。それは謙虚なんじゃなくて, 権力的なんですよ。民主主義の感覚が狂ってる。

でも, そういう「イジメが, みんないけないことだ」とは思えないようなこともあるでしょう。「新人を鍛える」「鍛えて一人前に育てる」なんていうことがあるし,「そういうことも必要だ」と認めたりすることもある。「子どものイジメというのは, 基本的にはそういうイジメと同じなんだ」という認識がないと, なんだか子どもたちの間にだけ特別暗い問題があるように感じられて, 未来が暗くなっちゃう。「今の子どもたちは, どうなっちゃってるんだろう」なんてね。イジメを, 単に子どもの心の問題としてではなく,「正義感と民主主義」の問題としてとらえなおさないといけないと思うんです。正義というのは人々

を結束させる，その強い力で排除もするから恐ろしいんですよ。そして，民主主義を教えるのに「こんなこともわからないのか！」なんてやったら，何を教えてるのかわからなくなっちゃう。つまり，確実にイジメの問題を解決しようと思ったら，たのしい授業をやるしかない。たのしい授業がどうやったらできるか研究するしかないんですよ。それが一番の早道でしょ。

(1985年1月26日，公開編集会議での談話。文責編集部)

［初出］
『たのしい授業』仮説社　1985年3月号　No.24
(板倉聖宣『社会の法則と民主主義』仮説社　1988年所収)

〈正義〉と〈善意〉を
考えなおすために
禁酒法／禁煙法の歴史から

酒・タバコの害とその防止

 アメリカにしろソ連(いまのロシアなどは，1991年まで「ソビエト社会主義共和国連邦＝ソ連」という国だった)にせよ，禁酒の問題がやかましかったのはいま(1983年)から60年ほど昔のことです。日本でも禁酒の問題は昔ほどやかましくいわれることはありません。そこで，もしかすると「昔の人はなんでそんなに酒を目のかたきにしたのか，よくわからない」という人がいるかもしれません。それは，「60年ほど前といまとでは社会の様子もずいぶん変わってきているからだ」ともいえるでしょう。

 昔はいまより貧しい人々がたくさんいました。そして，「貧しい生活の苦しさを忘れようとして大酒を飲み，そのためさらに貧しくなって生活がなりたたなくなる」という人がいまよりはるかに多かったのです。そこで，「家族も困るし社会にも害をおよぼす」というので，「酒を飲むことは，いまよりずっと悪いこと」と考えられていたわけです。

 いまでは昔ほどヤケ酒を飲む人はいなくなりました。〈酒を

たのしんで飲むゆとりのある人々〉がふえてきたわけです。そこで, 酒の問題は60年前ほどには大きな社会問題にならずにすんでいるといえます。しかし, いまでも〈アルコール中毒症にかかって心身の障害を起こしている人々〉の数は, けっして少ないとはいえません。ですから,「もう禁酒の問題はどうでもよい」というわけにはいかないようです。「酒飲みは酒を飲まない人よりもずっと寿命が短い」というデータもでています。

最近は酒の問題よりもタバコの問題の方がやかましくなっています。「タバコは近くにいる人にも害を及ぼす」ということがはっきりしてきたからです。

「タバコをすったり酒を飲んだりすることはいいことか悪いことか」という問題は, なかなかむずかしい問題です。じつは, 砂糖だって食塩だって, とりすぎれば健康によくないのです。砂糖はたべなくても生きていけますが, 食塩はとらないと死んでしまいます。それでも〈日本の寒い地方の人々〉は,「食塩をとりすぎる」といわれています。タバコと酒の場合はとくに中毒にかかりやすくて,「心身に有害な結果が目に見えるようになっても, なかなかやめられない」ということがあるので, とくに用心する必要があるわけです。

自分が正しいと思う事を社会に生かすには

それなら,〈酒やタバコの害〉は, どのようにして防止したらよいのでしょう。「まず未成年者に禁止して, おとなになってもタバコをすったり酒を飲む習慣をつけないようにしよう」というのが, 日本の禁酒禁煙運動家たちの考えでした。また, アメリカやソ連では酒を全面的に禁止してみたわけです。

しかし, アメリカやソ連の試みは, 歴史的にみて失敗であったことは明らかです。大多数の人々が「酒やタバコは悪い」と

考えてそれを他の人たちにも実行させようとしても、それはなかなかむずかしいのです。「すべて各人の考えにまかせればよい」という考えもありますが、「麻薬なども自由にまかせる」ということになったら反対する人も多いことでしょう。

　私たちが「これは絶対に正しい」と思うことでも、「それを社会的にどのように実現していったらよいのか」、そう簡単にはきめられないのです。少なくとも、「非常に多くの人々が守れないような法律や規則」を作ると、「かえって社会が混乱して悪くなる」こともあるわけです。人々の道徳的な判断にまかせればよいのか、政治的に強制すべきか、慎重に判断しなければならない問題は、このほかにもたくさんあります。「禁酒法の実施」という歴史的な大実験の結果は、多くのものを私たちに教えてくれるのではないでしょうか。「アメリカの禁酒法はばかげた試みだった」などと言ってすますのは、もったいないといえるでしょう。社会の問題を考えるときは、「ただ正義を主張するだけ」ではいけないのです。社会の人々の考えが無理なく正しい方向に変わっていくにはどうすればよいのか——人々の考え方や社会の変わり方の法則を研究して、はじめて自分の正しいと考えることを社会に生かすことができるのです。

いい規則はいくらでも作ればいいのか？

　もともと私の専攻は〈自然科学の歴史と教育の研究〉であるのに、どうして禁酒法などという問題に興味をもち、それに関する本——授業書を作るように動機づけられたのでしょうか。

　それは（1983年から）二十数年も昔のこと、小学校のホームルームの時間などで、子どもたちが「少しでも悪いことは何でもやめましょう」というので、「ローカは走らないようにしましょう」からはじまって、「学校にはおもちゃをもってこないこと」

など，さももっともらしい規則をたくさん作ってしまう，それがいいことだと思ったりするので困る——という話をきいたことに端を発するといってもよいかもしれません。それと相前後して私はアメリカの「禁酒法」のことを知り，将軍綱吉の「生類憐みの令」のことを知ったので，「おとなの社会でも同じようなことをやっている」と深く感ずるところがあったのです。
　「建前としてもっともらしい規則をどんどん作る」のは，小さい子どもだけではありません。母親もやたらに規則を作りたがるし，学校に「いい規則」をたくさん作ってくれるように要求したりします。先生も学校も規則を作ることが好きです。
　じつは，私も子どものとき，「いい規則はいくらでも作ればいい」と考えていました。そして自分自身「いい」と思ったことはできるだけ守ろうとし，他人にも守らせようとしました。私は私なりに正義を通したかったのです。
　しかし，少しずつおとなの世界に入りこんでいくと，「その理屈が必ずしも通用しない」ということを認めざるを得ませんでした。いつまでたっても幼くて純粋だった私は，「正義の通用しないおとなの社会」がみにくいように思えてしかたなかったことをおぼえています。そしてたえず社会に違和感を感じながらおとなになっていったのです。
　そんな私にとって，「生類憐みの令」の話や「禁酒法」の話はとてもショックでした。そのときは，「早くこういう話を教えてくれれば，社会のことがもっとよく考えられて，気持ちがすっきりしたものを」と思ったのです。こういう話をしてやれば，「子どもの正義感を挫折させることなく，その正義感を社会の科学的認識と結びつけて高めるキッカケとすることができるのではないか」と思ったのです。
　そういう私自身の内的な想いが，小学校のホームルームでの

「民主的な話し合い」できまる「きそく」や，先生という「開明君主」のきめる「きそく」の話と結びついて，ますます「これを教材化するといい」と思うようになったというわけです。

　もちろん，同じ歴史的な事件の話をしても，その話でもって人が感ずることは種々雑多であっていいわけです。「私があるとき感じたように，他の人もみんな感じとらなければいけない」なんていうことはありません。しかし，この「禁酒法」の話と「生類憐みの令」の話は，「その話からどのような教訓をひきだし，何を感ずるにしても，その話を知った人が〈社会のことを考えるときの基礎になるひとつの実験データ〉として貴重なものになるにちがいない」と思うのです。ですから私はこの授業書を読んだ人々が何らかの意味で「こういう話を知ってよかった」と思っていただければ，それで十分満足なのです。

社会を「善意と悪意とのたたかい」と見る見方との闘い

　社会を科学的に認識する上でもっとも大切なことは，「すべての社会現象を〈善意と悪意とのたたかい〉とする見方を克服する点にある」と，私は思っています。いくら善意であっても，悪い結果をもたらすことはいくらでもあるし，ある人からは悪意の結果と見えることも，たいていは善意から出たことなのです。ですから，「人の善意・悪意」を問題にするよりもまず，「社会の法則」を研究して，「いい結果をもたらすにはどうしたらよいか」見きわめることが大切であるわけです。

　この授業書は，そういうことが少しでも感じとれるように，と思って作られたといってもよいでしょう。「善意や正義感だけではどうにもならない。いくらいいことをしようと思っても，法律とかきまりとかいうものの性質や社会の法則を知らないと，とんでもない結果になりかねない」ということを知って

ほしいのです。
「学校というところは正義を教えるところ」「教育というのは正義感を養うことだ」と思っている人が少なくないようですが、私は「そのような考えはまちがっている」と思っています。「自分の正義感を信じるだけで、社会の法則に気をつかわない人はとてもこわい」とも思います。「そういう人は、私たちにとんでもないことを押しつけたりする危険が少なくないから」です。学校は正義でなく真理を教えるところです。「いくら正義でも、社会や自然の法則性を正しく知らなければ、いい結果をもたらすことはできない」ということを教えないと、とんでもないことになると思うのです。

　戦争だって正義がもとになってはじまるのです。「正義がその結果に目を閉じて絶対的な権力をふるうことほどおそろしいことはない」といえるでしょう。そんな正義が一度勝利をおさめると、あとが大変です。その正義の押しつけから、かえってさまざまの悪い結果が生じても、その正義は「建前上正しいと認めざるを得ない」ので、なかなかその正義の押しつけを改めることができなくなるからです。そうなると、せっかくの民主主義社会も、〈絶対君主社会以上になんとも困った社会〉になってしまいます。「アメリカの禁酒法の行きづまりがたしかになっても、なかなかそれを廃止する方向に進むことができず、大恐慌という非常事態のなかでやっと大改革ができた」ということもたいへん教訓的だと思うのですが、どうでしょうか。

［初出］
板倉聖宣『禁酒法と民主主義——道徳と政治と社会』
仮説社　1983年所収

間接民主主義を見直す
直接民主主義の恐ろしさと,〈提案権〉〈決定権〉

はじめに

「世の中というのは,善意の人が多いとよくなって,悪意の人が多くなると悪くなる」と思っている人がたくさんいます。「それが国民常識だ」といってもいいかもしれません。これまでの教育では,その国民常識を克服できていません。大学で専門教育を受けた人までも,そういう常識だけしか持っていなかったりします。

これは,社会のありかたとして,危機的なことです。

例えば,多くの人は選挙のとき,「心のきれいな政治家」を選ぼうとします。「賢い政治家」を選ぼうとはしません。けれども,「汚職をしない政治家」というのは,いい政治家なのでしょうか。そういう政治家は清廉潔白かもしれないけれど,「国民の生活を向上させる」とか「悲惨をくい止める」という面からすると,何もできなかったりします。それなのに,教育の世界では,「よい政治家」というのは「悪いことをしない政治家」ということになっています。

政治は「賢い人」が行わなくてはいけません。ここは新潟県ですけれど、新潟のこの地域には有名な政治家で田中角栄という人がいました。この人は、一般国民にとっては「悪い政治家」とされていますが、新潟の人々にとっては間違いなく「賢い政治家」でした。だから、他の地域の一般国民からいくら批判を浴びていても、田中角栄は新潟の人々に人気がありました。「賢い政治家」といっても、〈私腹を肥やすだけのずる賢さ〉ではありません。〈新潟の一般の人々にとって利益となる賢さ〉なのです。いろいろ批判を受けましたが、確かに田中角栄という政治家のおかげで、新潟の人々の暮らしがかなり向上したのです。

　こういう問題は、「〈直接民主主義〉の方がいいのか、〈間接民主主義〉の方がいいのか」という問題と深く関わっています。善悪で物事を判断する人は、たいてい「〈直接民主主義〉の方がいい制度だ」と思いがちです。ところが、場合によっては「直接民主主義ほど恐ろしい制度はない」のです。

　大規模な公共工事がいいか悪いかをめぐって、「直接住民の意思を問う直接民主主義」が話題になったりします。個々の例を見ていけば、「直接民主主義の制度の1つである〈住民投票〉によって是非を問う必要性」は否定できません。そうせざるを得ない場合もあります。しかし、それが行き過ぎて「何でも直接民主主義で決める方がいい」ということにもなりかねません。そうならないように、せめて大学で専門教育を受けた人くらいは「直接民主主義の恐ろしさ」を分かっていて欲しいと思います。

　ドイツのヒトラーは、西欧の歴史の中でも「最も悪い政治家」の1人として有名になっていますが、ヒトラーはどうやって政治権力を得たのでしょうか。ヒトラーは、「民衆の支持がなか

ったのに軍事力を使って無理矢理に政権を奪った」のでしょうか。

　明らかに，そうではありません。選挙でドイツの民衆から圧倒的な支持を受けて政権の座についたのです。「ヒトラーは恐ろしい」ということは，言い換えれば「ヒトラーのような人を政権につけてしまった直接民主主義は恐ろしい」ということにもなるのです。

　直接民主主義の同じような例として，米国の「禁酒法」があります。「禁酒法」は「一部の正義漢が強引に成立させた」のではありません。「国民の3分の2以上」という圧倒的多数の人々が賛成して，憲法を改訂してまで成立させたのです。そして，その後，いくら「禁酒法」が悪い結果をもたらす法律であることが明らかになっても，なかなか廃止することができませんでした。(禁酒法に関心のある人は，ぜひ，板倉聖宣『禁酒法と民主主義』仮説社，を見てください)

　社会がよい方向に進むためには，「いい人」ではなくて，「賢い人」が活躍することが大切なのです。このことは早く社会の常識になって欲しいことです。「賢い人」になるためには，「正義や善意を基に行動することが，時として恐ろしい結果となる」ということを踏まえて，きちんと勉強しなくてはいけません。そういうことをきちんと勉強しないで，自分の正義感や善意を振りかざす人が時として一番恐ろしい結果をもたらすことになるのです。このことをみんなに知っていて欲しいし，教えていく必要があると思います。

直接民主主義で混乱を招いた古代ギリシア

　同じ民主主義といっても，「直接民主主義」と「間接民主主義」とでは，大きく異なる点があります。古代ギリシアの昔に

は、民衆が政治問題に対して直接意思を表して決定を下す「直接民主主義」に基づく政治がおこなわれていました。古代ギリシアでは、その〈長所〉のおかげで、みんなが団結して専制君主制のペルシア帝国の侵略を防ぐことができたのです。しかし、やがて〈直接民主主義の弱点〉のため、古代ギリシアは混乱し、結局、専制君主制のマケドニア王国の支配を受けることになってしまいました。

「直接民主主義」はどうして古代ギリシアの政治を混乱させてしまったのでしょう。それは、「政策の決定だけでなく、政策の提案までも直接民主主義で行なった」ことによります。人々の直観的な判断によって政治が動くために、専門的な議論や長期的な見通しよりも、「言葉たくみな人の意見に従って政策が決められていくようになって政治は混乱してしまった」のです。

それに対して「間接民主主義」というのは、政治を行う人を投票で選んで、〈自分たちの代表〉に政治をまかせる制度（代議制）です。このような制度について、これまでは多くの場合、「本当は直接民主主義がいいのだけれども、あまりにたくさんの人がいて一度には集まれないから、やむを得ず採用している制度」という説明がされてきました。ところが、現在ではインターネットが発達したので、日本の有権者全員が意思を直接表現することも、技術的には不可能ではなくなりました。だから、直接民主主義にすることを考えたっていいのです。

では、ほんとに直接民主主義の制度の方がいいのでしょうか。話はそう単純ではありません。

専門家と素人の判断の違い

世界ではここ15年ほどの間に、社会主義政権が相次いで崩壊しましたが、それは社会主義国に「悪い政治家」ばかりいたか

らではありません。「賢い政治家」が出なかったからでした。「〈社会主義という理想の政治体制〉を,〈どんなことをしてでも守ろう〉という正義」を振りまわした「よい政治家」が,結果として社会主義が崩壊する状況を作り出したのです。

　社会の問題は,「心清き〈よい人〉が善意を持ってみんなを指導すれば,よい結果となる」というわけのものではありません。どんな分野においても,素人は社会の法則を無視した直観的な判断をしがちです。そして,その直観的な判断がただちに社会の進む方向を決めるものとなったら,恐ろしい結果をもたらす可能性があるわけです。そういう「社会の法則」を,早くみんなの常識にする必要があります。

　しかし,直接民主主義というのは,素人にもわかりやすい仕組みです。そのせいで,近頃はきちんと勉強しないで直接民主主義が好きな人たちが増えてきています。それは,「住民投票などの直接民主主義によって,納得できる結果がもたらされたことがしばしばあった」ということも関係していると思います。

　直接民主主義によって,よくなったこともあるのでしょう。しかし,それでも,「だから直接民主主義が一番正しい方法である」という一般的な法則が成り立つのではありません。

　自然科学の立場からすれば,「心清き〈よい人〉が橋を作ればきちんとしたものができるか」というと,そんなことは言えません。どんなに〈よい人〉でも,専門的な勉強をしっかりせずに作ろうとすれば,どんなに誠心誠意がんばっても,いい橋ができるわけはありません。いい橋を作ろうと思ったら,橋を造る専門家にまかせなくてはできません。

　また,どの医者がよい医者かを判断するのに,「みんなの投票で決める」ということはしません。もしもみんなの投票で決めるとなると,〈病気を治すのが上手な名医〉ではなくて,〈患者

への対応が上手な医者〉が「よい医者」として選ばれる危険性が大いにあります。ほとんどの人は専門的な医学についての勉強をしていないのですから,「自分たちにすぐわかる基準」といえば〈患者への対応〉だけだったりします。しかし,〈よい医者〉のきちんとした判断がとても難しいのは当たり前のことです。

橋や医者の例は,あまり抵抗無く認めてもらえるかもしれません。ところが,〈教育〉についてはどうでしょう。

学校教育においても,地元の人たちに学校の運営を全部まかせてしまっては大変なことになります。地元の人たちといっても,ほとんどは教育についてよく知らない素人なのですから,何か問題を起こした生徒がいると,「そういう悪いことをする生徒はわが学校にはふさわしくないから全部退学させてしまおう」ということにもなりかねません。教育の分野でも,専門的な勉強をきちんとした人が必要なのです。

「民主主義の危険性」を知って民主主義を守る

これまで,「善意や悪意に関係なく〈社会の法則〉というものがあって,その法則をうまく使って賢い政治をすることが大切である」ということを教えた人はいたのでしょうか。

この話題は「社会の科学入門」というべき内容なのですが,それにもかかわらず,こういうことを教えた人は,どうもいないようです。そこで私は,「社会の科学入門」の重要な授業書として《生類憐みの令》や《禁酒法と民主主義》《おかねと社会》などを作成してきました。

それでは,社会の科学の歴史の中で,「多数決の恐ろしさ」や「直接民主主義の危険性」について,誰が最初に言い出したのでしょうか。

誰が最初に言い始めたか、ということはまだわかりませんが、そのことは古くから気づかれていたことのようです。

　民主制とは違って、「国王などの君主に権力が集中している政治制度」を専制君主制といいます。権力を持った「専制君主」といっても、自分1人で政治をすることはなく、かならず誰かを雇うことになります。「雇ったのが政治の賢い専門家であれば、場合によっては民主主義の政治よりも、専制君主の政治がよい」というときもあるのです。

　形式的には「民主主義のほうがよい」といえるのですが、「全ての場合において民主主義の制度がよい結果をもたらす」というわけではないのです。実際に、オランダなどでは王制を倒して共和制になったのに、また「わざわざ王制に戻す」という選択をしています。ルーマニアなどの東欧の旧社会主義国の中にも、「王制に戻そう」という運動が盛んな国があります。

　しかしながら、「場合によっては民主制より君主制のほうがすぐれている」ということを、小学校や中学校では教えているのでしょうか。高等学校ではどうでしょうか。どうも教えていないようです。というのも、専門家にとっては「民主主義の危険性」というのは「わざわざ言うまでもない当たり前の常識」だからです。「みんな分かっているに違いない」と考えているから、学校教育で扱わないのです。「実際にはほとんどの人が分かっていないにもかかわらず」です。

「民主主義の危険な一面」に気づいた少数の人でも、なかなかそのことを言い出すことはできません。「民主主義がどの制度よりも優れている」という現在の雰囲気の中では、「民主主義の危険性」にふれた途端に「民主主義を否定して、専制君主制に味方する人」と判断されてしまうからです。これは物事の善し悪しを科学的に判断するのではなく、「民主主義の悪口を言う

人は専制君主の味方」という立場から、党派的に考えてしまうことから起きています。

「民主主義の危険性」を主張することは、民主主義を否定することと同じではありません。しかし、「民主主義の制度は絶対的によい制度で、それと対立する専制君主制は全ての面において悪い制度だ」という常識が広まってしまっていて、民主主義の悪い点や弱点を主張する人は、「専制君主制を支持する人」というふうに見られてしまいそうです。「民主主義の危険性」について昔から何回も言われていますが、このことをきちんと勉強しない人が大勢いるのです。そういう状態こそが民主主義の危機でもあるわけですから、「民主主義」というものについてのきちんとした教育が今後ますます大切になってきます。

「民主主義を守る」と叫ぶ人が、本当に民主主義を大切にしているとは限りません。「子どもの味方」と言っている人が、本当に「子どもの味方」とは限らないのと一緒です。

　自分がつまらない授業をしていながら、そっぽを向く生徒をおどかしたり、「最近の子たちは」と嘆くばかりの先生は、いい先生とも賢い先生とも言えません。しかしまた、「まだまだ遊びたい」という〈その場の子どもの意思〉ばかりを優先して、いつまでもきちんと教育をしない人は、本当にいい教育者なのでしょうか。「民主主義の危険性」というものをわかっていなければ、民主主義をきちんと守ることもできなくなるし、民主主義の本当の素晴らしさをも実感しないままになってしまうかもしれません。

提案権と、決定権のありか

　「間接民主主義」では、政策の最終的な「決定権」は政治には素人である人々にあるのですが、政策の「提案権」は政治の専

門家である政治家が行います。きちんとした橋を造るには，橋の専門家にまかせなければいけません。きちんとした堤防を築くには，堤防の専門家にまかせなくてはできません。同じように，「きちんとした政治」というのは，政治の専門家である政治家に本来はまかせなくてはできないことなのです。

　ただし，「政策の〈決定権〉が人々にある」とは言っても，それには〈公平に，客観的に，冷静に物事が判断できる〉という条件がついてきます。しかしながら，ほとんどすべての人々は，自分たちに利害関係があればあるほど，「公平に，客観的に，冷静に」物事を判断はできないものです。だから，「間接民主主義」の制度である「代議制」があるのです。政策の「決定権」をとりあえず人々の代表に預け，きちんとした討議の上で「公平に，客観的に，冷静に」政策を決めるのが政治家の仕事ということになります。

　しかし問題なのは，本当の意味で「専門家」と言えるような政治家が少ないことにあります。「選挙で選ばれたのだから，後は〈国民のため，みんなのため，有権者のため〉という正義があれば何をしてもいい」と考えているような政治家がたくさんいます。

　だから国民の中には，「自分たちの意見が通らず，無理矢理に政策が実行されている」と感じて，直接自分たちの意見を反映させることができる「直接民主主義」の制度に魅力を感じる人々が増えています。こうした人々の多くは「直接民主主義」の素晴らしさにばかり目がいって，その危険性について気がつかないでいるようです。

「間接民主主義」の制度における政治の専門家としての「政治家」の役割は，選挙によって与えられた政策の「提案権」をしっかり果たすことです。みんなの判断のために必要となる情報

をきちんと伝え,「どうしてその政策を実施しなくてはいけないか」という説明を, 政策の最終的な「決定権」を持つ人々すべてに対してきちんと行い, 疑問・不明瞭な点にはっきりと答える。その上で政策を変更すべきと判断した場合は変更し, それでも変更しない場合には自らの立場をはっきりと表して, 次の選挙の時に有権者の審判を仰ぐことが大切なのです。

米ソという二大国の政治的対立によって生じた〈冷戦〉が終結した1990年を境に, 日本の, いや世界の政治は大きく変わりました。これまでの常識が通じなくなりました。

政治家はさまざまな「社会の法則」を見極める能力がますます問われていくことになります。ますます,「政策の提案＝仮説→政策の是非＝討論→政策の効果＝実験」という科学的な過程を経ることが重要になります。

これからの時代は,「物事を党派的にではなく, 科学的に判断すること」が更に大切になってきています。このことを考えてもらうために, 私は,《生類憐みの令》《禁酒法と民主主義》《おかねと社会》といった授業書を作成してまいりましたが, 今後ともそういった授業書や読み物を作る必要性は高いのです。

［初出］
『たのしい授業』仮説社　2004年12月号　No.289

新潟県魚沼市（旧湯之谷村大沢）の「科学の碑記念館」で行われた「科学と社会研究発表会」（2000年5月13～14日）での夜の談話（ナイター）記録です。大阪の橋本淳治さん, 愛知の岸勇司さんが記録編集してくださったものをもとに, 筆者が大幅に加筆しました。

「正義の政治」にどう対処するか
「テロと戦争の時代の始まり」に

はじめに

　恐ろしいことが起きてしまいました。

　米ソの冷戦時代が終わって,「やっとほっとした」と思ったのに, もっと深刻な「戦争とテロの時代」が創造されてしまいました。これからどういうことが起きるか, とても心配です。そこで, これに関する私の考えを書くことを許して下さい。

　この事件の張本人とされているビンラディン氏は, そう遠くないうちに捕まったり殺されたりして, 米国の（世界の）一方的な戦争状態は収まるかも知れません。しかし, そうなればそうなったで,「イスラムの原理主義者」と言われる人々の〈復讐のテロへの誓い〉が強まることは目に見えています。そうなれば, 彼らは機会をうかがってテロを繰り返す可能性を否定できないのです。

　「一部の政権担当者たちだけが早まった選択をしただけ」なら, 政変が起きれば対応の仕方が変わって, 打開の道が開かれるようにもなるでしょう。しかし, 米国の圧倒的多数の人々が

国を挙げて復讐の正義をふりかざし,「テロ全滅のための戦争」を叫んでいるのです。そして,日本の政治家たちもそれにただただ追従しているのです。そこで,なおのこと,私は「何とかしなければならない」と思わざるを得ないのです。

　こういう場合,私たちには何ができるでしょう。私は深く考えざるを得ないのです。

民主主義と科学と政治と教育と

　私は民主主義が大好きです。しかし,私が大好きなのは「多数決」ではありません。民主主義は,「すべての人々が納得せざるを得ない真理の体系としての科学」を生み出して,ヒューマニズムを確立したからこそ私は大好きなのです。それが,「仮説実験授業という私たちの認識論＝教育理論を生み出した」のです。

　しかし,多くの人々は「民主主義とは多数決のことだ」と思っています。そこで私は,かなり前に「最後の奴隷制としての多数決原理」という文章を書いたことがあります（本書巻頭に収録）。政治原理としての「多数決主義の民主主義」は恐ろしくもあることを訴えたかったからです。「多数決主義の民主主義」は,しばしば「衆愚政治」になります。それが怖いのです。

　これまでの日本の平和教育では,「大東亜戦争は,一部の軍国主義者と財界が起こした」などと,「大衆に媚びる宣伝」を行うのが常でした。そして,ときには「天皇の戦争責任を追及する」という人々もいました。「あの戦争は天皇の名において始められた」のですから,「天皇に戦争責任がある」ことは確かでしょう。しかし,それをいうなら,日本の連合軍に対する無条件降伏＝敗戦も,その天皇の名において行われたのです。天皇は「平和回復の専任者」でもあるのです。天皇が敗戦を決意しな

かったら，いつ平和がやってきたのでしょう。だから，連合軍も当時の日本人も，天皇制に手を付けられなかったのです。人々の政治論議というものは，しばしば一方的でありすぎます。「誰でも認めざるを得ない認識」だけを目指す科学的な認識だけが，その限界を越えるのです。そして，「そういう原理に根ざした教育だけが，政治の世界を越えることができる」と思うのです。

一般的に言って，科学も教育も政治に中立でなければなりません。科学や教育が政治に関与したら，政治も科学も教育も乱れてしまいます。

政治は，「国家百年の計」をたてて物事を処置するのが本来のあり方とはいうものの，現実の政治はそうではありません。今日のような民主政治の中では，政治家はそのときどきの国民の人気取りにならざるを得ない部分が大きいので，とんでもない「衆愚政治」になりがちです。それと比べると，教育者のほうが，もっと長い視野で物事に対処できます。そこで私は，「今回の問題は長い目でみて対処するよりほかない」と考えざるを得ません。そして，政治にはやりがちな人々に，「長い目でみたときの政治に対する教育の優位」を考え，「教育の責任をはたすことが大切だ」と訴えたいと考えています。

「正義ほど恐ろしいものはない」という教育

そういえば，私は「大東亜戦争は，一部の軍国主義者と財界が起こした」などという戦後の〈平和教育〉はまるで頼りにならない，と感じてきました。そういう教育では，〈大衆が正義の名において戦争にはしる〉ことを抑え得ないからです。そこで，「正義ほど恐ろしいものはない」という教育の重要性に気づいた私は，私なりに長期の教育目標をたてて，《生類憐みの令》

《禁酒法と民主主義》といった授業書を作成してきました。そこに今回の事件です。

　私は，今回の事件に対する反応について，私の配慮が確実に成果を挙げているのを見ることができ，力強く思いました。先に挙げたような仮説実験授業のそれらの授業で，本当に「正義ほど恐ろしいものはない」という教訓を得た人々は，今回の事件で「正義」を叫ぶ人々を見て，それに「共感」や「力強さ」を感ずるのではなしに，その「恐ろしさ」や「危惧」を感じとってくれたように思えるからです。これを見て，私は心から「よかった」と思いました。そこで私は，「今後ともそういう原理的な教育をしていけばいいのだ」と確信することができています。

　こんなことをいうと，「殴られたら殴り返すのが当たり前だ」などという正義漢たちから，袋叩きになってしまう可能性があります。

　私だって正義が好きです。私たちは正義に基づかずして，何に立脚して行動できるでしょう。考えて見れば，私がいまこういう文章を書いているのだって，私の正義感をもとにしているのです。そうでなければ，時流に合わない意見を書いて発表することなどできないのです。しかし，「正義ほど恐ろしい結果をもたらすものはない」と思うから，その「正義」が本当に正義と言えるものなのか，冷静に多面的に検討し直してほしいのです。私はそのことをこれまで，「冷静に勉強しない人には，正義を振り回す権利はない」とも言ってきました。

　私は，小泉内閣が誕生したとき（2001年4月），その正義漢ぶりに期待もしました。しかし，それと同時に，その「勇ましさ」を恐ろしく感じもしました。そこで警戒もしました。勇ましい正義感は人々を盲目にしてしまうからです。「無限の正義」など

という考えを許したら，その正義をもとにした行動がかえって明らかに困った事態を生じさせることになっても，自分たちの考えを改める可能性が著しく損なわれることが心配なのです。

けれども，正義の復讐を叫んでしまった人々に対して，短期間に効果的な説得をすることは困難です。教育は，人々がそういう状態に落ち込む前に，「ただただ正義を振りかざして行動することは危険なことだ」ということを，心から納得できるように知らせることができるだけなのです。今回のような不幸な出来事を見ても，政治にはやるのではなく，長期のことを考えて，政治に先回りした教育の構想をたてたほうがいい，と思うのです。

イスラムの人々の生活の向上に手を貸す

そういえば，日本人だって，かつて「鬼畜米英」と戦って，無条件降伏をして負けました。それなのに，その戦争を体験した人々だけでなく，その後の世代の人々まで，しかも，教育界にある人々まで，今なお「あの戦争は日本にとって正義の戦いであった。朝鮮韓国を植民地化したことを謝ることはない」などと言い張る人々がいます。しかし，その人々が「鬼畜米英」にテロ攻撃をしかけることはありませんでしたし，今後もないでしょう。

それはなぜでしょうか。それは，敗戦後連合国から「民主主義を押しつけられた」結果，日本はかつてなく繁栄して，連合国の不法を攻撃する人々の生活も豊かになったからではないでしょうか。日本人の場合の「鬼畜米英への怒り」は，直接の体験に根ざすというよりは，アジアやアフリカ全体の植民地化の事実を知っての「間接的な怒り」の部分が大きかったので，根が深くなかったからだともいえます。それと比べると，「自分

たちの同胞がいまなお貧しい生活を強いられているのは、欧米文化圏による植民地政策の結果だ」と思い込んでいるイスラム圏の人々の怒りは、直接的な体験に根ざす部分が大きいので、その怒りを解くことは極めて困難です。

　しかし、それでも、いわゆる先進諸国の協力でそれらの人々の生活が豊かなものになれば、先進諸国に対する怒り・復讐の念も大きく和らげることができるのではないでしょうか。これ以上、彼らの怒りを増幅させずに、怒りを和らげることが大切だ、と思わざるを得ません。

教師のための〈アフガニスタンの地理と歴史〉の意図

　一方、私は、今回の事件に触発されて、日本の教育に対して、急遽「イスラム社会の地理と歴史」とくに「アフガニスタンの地理と歴史」を視野広く教える教材の開発を考えつきました。おそらく、日本人のアフガニスタンへの関心は、今後もしばらく続くと思うからです。

　そうは言っても、私はもともと、イスラム社会はもちろん、アフガニスタンの地理や歴史について、多くの知識があるわけではありません。「これまでそういう知識はまるでなかった」と言っていいのです。そんな人間が、「そんな教材を取り急ぎ作成したい」と思うのはどうしてでしょうか。

　こういう問題が大きな政治・社会問題になるときには、各種の新聞にもそれに関連した記事がたくさん載るようになります。ですから、事情をよく知らない私のような人間が出るまでもない、とも考えられるのです。

　しかしです。私は、このように時代が大きく変わりそうな事件の報道の場合、「新聞に書かれることは見方がしばしば偏っている」ということが心配になるのです。じっさい、こういう

場合に新聞に載る報道の多くは，一方の当事者である米国の報道管制のアミを通ったものばかりになりがちです。その一方，私たちが本当に知るに値すること，知りたいと思うことが書かれていないことが多いと思うからです。

　そこで私は，「教師が，こういう問題に関心を高めた生徒たちへのサービスのつもりで，ふつうの新聞に書かれていることを不用意に要約的に教えてやるだけだと，知らず知らずのうちに政治的に偏向した教育をする結果にもなりかねない」と心配にもなるのです。考えてもごらんなさい。「大東亜戦争」のときだって，新聞に書かれていることをそのまま要約的に教えているだけで，子どもたちを戦争に駆り立てることになったではありませんか。それで私は，取り急ぎアフガニスタンのことを調べてまとめることにしたのです。

　それに，前々からしばしば言われてきたことですが，日本人の知識は欧米諸国に偏りすぎています。私個人の場合を考えてもそうです。しかし，アジアとかアフリカとかの地理や歴史を全体として理解しようとすると，焦点が定まらずに，知識が茫漠としてしまいがちです。そこで私は，今回の事件をきっかけに，「アフガニスタンの地理と歴史」に絞って調査研究して，その基本的な知識を読者の方々に提供することにしたのです。

[初出]
『たのしい授業』仮説社　2001年12月号　No.247

副題には「テロと戦争の時代の始まり，第1部」とあり，同時掲載の第2部は「教師のための〈アフガニスタンの地理と歴史〉」。いずれも『たのしい授業／〈現代の戦争と社会〉の授業』仮説社　2006年4月増刊号　No.308に再録。

発想法かるた ①
したくないことはせず・させず

民主主義の前提

　自分のしたくないことを強制的にやらせられるのは，奴隷的な状態です。昔は専制君主などが多くの人々に自分の意志に反したことをさせました。それが民主主義の社会になったら，そんな惨めなことにならなくてすむかと思うと，必ずしもそうではありません。「何でも多数決できめればよい。反対した人々も決議に従うべきだ」と考えられるようになると，その少数派の人々にとっては，民主主義は専制政治社会よりも恐ろしいことになりかねません。

　専制君主はいわば少数派なのに権力を維持しているだけなので，そんなに細かいことまで専制的に振る舞うことはできません。ところが，民主主義社会での多数派は，文字通り多数派ですから，少数派を管理統制することができます。そこで，専制制度の社会よりも恐ろしいことになりかねません。

　そこで，民主主義の社会では，「いくら多数決でも，人々の基本的人権を犯すことは認めない」という歯止めがあります。いくら多数派でも，少数派の人々が奴隷的に感じるようなことをやらせてはならないのです。そのことを保証しない組織は，これからどんどん分裂していくことでしょう。

［初出］
板倉聖宣「発想法カルタ」『たのしい授業』
仮説社　1987年5月号　No.51

第2部 新しい時代の理想と民主主義のありかた

　ソ連・東欧の社会主義体制の崩壊は，革命などに理想を託していた人たちに大きな衝撃を与えました。変化のスピードが早い現代では，多くの人がこれからどのような理想社会をつくればよいのか，思い描けずにいるのではないでしょうか？　民主主義が芽ばえ明るい時代であった古代の（2000年ほど昔の）ギリシアに立ち戻りながら，現代での「新たな理想主義」を探ります。（編者）

> 第2部の内容

●オリーブ油と本と民主政治

　著者の大胆な仮説のおもしろさが味わえる，古代ギリシアの「なぞとき物語」です。なぜギリシアで，哲学や文化・芸術が発展し，民主政治が発達したのか？　その原因となったものは……。
　ギリシアから江戸へと，時間も場所も飛び越えた比較がなされたりする中，一本の糸のようにつながっているギリシア発展の秘密が解き明かされていきます。

●理想主義の再発見

　ソ連・東欧の社会主義体制の崩壊に伴い，社会主義に理想を託していた多くの人たちはその理想を見失うことになりました。けれども，はるか以前からそれらの国々の体制崩壊を予想していた著者は，新しい時代と確かな理想を読み取っています。科学と実験をもとにした理想主義の時代の始まりです。

●今後の理想をどこに求めるか

　著者の「言葉にこだわる研究法」の特徴がよく出た論文です。社会主義と対比される「資本主義」という言葉は，誰が，いつ作ったものなのでしょうか。その謎を追うことにより，本当に崩壊したもの

が見えてきます。そして，新たな理想となるものは……。原題は「不思議な言葉〈資本主義〉のなぞ」で，追記の部分をカットして紹介していますが，ぜひ原文にも目を通してみていただきたい文です。

●浮動票の思想

　予想を変更することは，ずるいことのように思われて，いやがられたりします。科学研究では実験結果による予想変更は当然であるのに，思想・信条に関わるような問題では，裏切りのように思われることも少なくありません。けれども，先が見えない時代にこそ，「まわりの状況を見ながら自らの予想を柔軟に変えていく」という姿勢が必要になってきます。かたくなに意見を変えないことより，実験結果をたよりに浮動票でいることの大事さとすばらしさが示されています。

　なお，「浮動票の思想」について気になった方は，やはり『近現代史の考え方』に収録されている「正義よりも真理の教育を」も読まれるとよいと思います。そこで，その中の「良いと思ったらどんどん変える」という小見出しの部分だけを抄録して，文末にご紹介します。

（編者）

オリーブ油と本と民主政治
古代ギリシアの文明の起源

文明の発達と産業経済

　世界の歴史を見ると，一般的にいって「一国の文化・文明は，その国の産業経済の成長に伴って発達してきた」といっていいように思われます。

　イギリスは，木綿工業の機械工業化に成功しました。それによって，安くて上等な木綿製品を全世界に供給して，世界の富を集め，それで世界の科学技術をリードすることができたのでした。またアメリカは，電気産業や自動車産業，さらには，石油化学工業，コンピューター産業を創造することによって，その科学技術産業をひらき，圧倒的多数のノーベル賞学者を育てることができたのでした。ドイツや日本も，それらの国ぐにの産業技術を徹底的に模倣することに成功して，それなりの文化を発達させてきたのでした。

　それなら，古代ギリシアの文明はどうでしょう。古代ギリシアは，世界ではじめて哲学・科学や演劇を生み出し，見事な絵図のある陶器や彫刻や建築を生み出しました。ヨーロッパのル

ネッサンス芸術も，もともと古代ギリシアの模倣・復活の運動でした。ヨーロッパに発達した近代科学も，古代ギリシアの哲学・科学の復活の上に築かれたものだったのです。

★
古代ギリシア：古代ローマに支配される前，紀元前2000〜後300年くらいの間のギリシア（都市国家群の総称）。

問題1-1

それでは，古代ギリシア文化も，何か有力な産業経済の裏付けがあってはじめて可能になったのでしょうか。それとも，「古代ギリシア人は，もともと芸術や哲学に優れた天分をもった民族だったので，特にこれといった産業経済の裏付けなしに，その文化を花咲かせることができた」と言っていいのでしょうか。

予想

ア 古代ギリシアの文化は，特にこれといった産業経済の裏付けなしに花咲いた。
イ 古代ギリシアの文化も，それなりの産業経済の発展があって成長することができた。

問題1-2

古代ギリシアの主な産業には，どんなものがあったと思いますか。古代ギリシアの都市国家＝ポリスは，外国にどんなものを（金額的にいって）もっとも大量に輸出していたと思いますか。

予想

ア 陶器その他の芸術作品を大量に輸出した。
イ 哲学や科学の本や文学作品を大量に輸出した。
ウ その他（　　　　　　　　　　）を大量に輸出した。

ギリシアの名産品

　古代ギリシアの歴史を書いた本を見ると，どの本にも，決まって「古代ギリシアの土地は不毛で，大麦や小麦などの穀類はあまり生産できなかった」と書いてあります。そこで，古代ギリシアの国ぐにでは，「人口にくらべて穀類の生産が不足で，穀類を外国から輸入しなければならなかった」ということです。

　それなら，古代ギリシアの人々は，どんなものを輸出して，穀物を輸入することができたのでしょうか。

　これも，どの本も一致して書いていることですが，古代ギリシア人は，「〈オリーブ油〉と〈ぶどう酒〉と〈陶器〉を大量に輸出して，穀物を確保していた」ということです。

　ギリシアの土地は，穀類を耕作するには条件が悪かったのですが，オリーブとぶどうの木の生育には条件がとてもよく，また陶器を作る陶土にも恵まれていたのです。

問題2

　古代ギリシアの最も主要な生産物・輸出品は，オリーブ油でした。それなら古代のオリーブ油は，「その文化を経済的に支えるにたる重要生産物」と言えるほどのものだったのでしょうか。

それとも、そんなものは大したものではなくて、やはり「古代ギリシア人というのは、もともと芸術や哲学に優れた天分をもった民族だった」と考えるべきなのでしょうか。

予想

ア　当時としては、オリーブ油はとても重要な物資だった。
イ　オリーブ油など、産業経済上、重要な物資とは言えない。

食用油としてのオリーブ油

　オリーブの実は、そのままでは苦くて食べられないそうです。しかし、あく抜きして塩漬けにしたものは食用になります。じっさい、今でも、イタリア料理などにはオリーブの実が添えられるのが普通になっています。しかし、その実を塩漬けして食べるよりも、その実を搾ったオリーブ油のほうがずっと重要でした。

　オリーブ油は、今でも〈最も高級な食用油〉として知られていますし、古代のギリシア人たちやその近隣の地域の人々にとっても、貴重な栄養源だったのです。ブラーシュ著『人文地理学原理』(1922年／岩波文庫　1970年)によると、ギリシア人は〈菜食主義者の食事〉をしていて、バターを知らなかったので、パンにオリーブ油をつけて食べていた、ということです。

　じつは、オリーブ油というのは、人類の最初に手にした「油」でした。その証拠に、ヨーロッパ語の〈オイル oil〉という言葉は、もともと〈オリーブ olive〉という言葉がもとになってできたのです。「オイルと言えば、オリーブ油のこと」に決まっていたのです。

　　ελαια［elaia］＝ラテン語 olea, oliva, 英語 olive-tree.

ελαιον［elaion］＝ラテン語 olivum，英語 olive-oil, oil。

今の植物油には，なたね油，大豆油，綿実油（めんじつゆ），つばき油，などいろいろあります。ところが，その大部分は〈かたい種〉の中の油を搾（しぼ）り取ったものなので，油を搾り取るのが大変です。ところが，オリーブ油のうちでもとくに高級な〈バージンオイル〉というのは，ふつうの〈果物のジュース〉と同じようにして搾りとることもできるといいます。

もっとも，効率よくオリーブ油を搾りとるためには，すぐれた油搾り機を発明する必要があります。古代ギリシア人は，近隣よりもすぐれた油搾り機を作り出していたに違いありません。

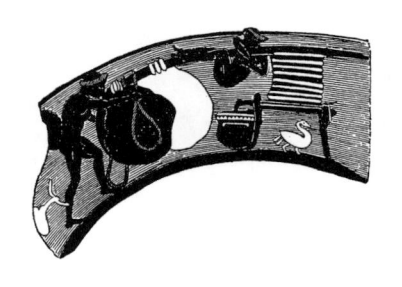

前500年代のギリシアの陶器の壺に描かれている圧搾機。オリーブから油を，ぶどうから果汁を搾りとるのに使われた。長い棒は，この絵図では見えない右端の壁のくぼみに支えられていて，その棒の左側に重い物体を下げたり人間がぶら下がって，圧縮台の上の果実を圧縮すると，台の左下のかめの中に集まる。（チャールズ・シンガーほか／平田寛・八杉龍一訳編『技術の歴史』第3巻　筑摩書房　1978年　90ページより）

（質問1）

オリーブは，古代ギリシアにとって食用以外にも何か重要な用途があったのでしょうか。オリーブ油にはどんな用途があったと思いますか。オリーブ油は，
① 〔　　　　　　　　〕として役立った。また，
② 〔　　　　　　　　〕としても役立てられたのではないか。

前500年代末のギリシアの陶器の壺に黒絵式で描かれたオリーブの収穫風景。(前掲書, 98ページより)

植物油だからといって食用ばかりとは限らない

「オリーブ油」というと，今日の人々は，ほとんどみな「食用油」だと思いがちです。しかし，古代ギリシア人は，オリーブ油を食用油として用いただけではありませんでした。

『イリアス』『オデッセイア』といえば，古代ギリシアの人々が熱烈に愛好した長編の叙事詩ですが，そのどちらにも，オリーブがたくさん登場します。ところが，オリーブ油はまず，〈身体に塗る一種の化粧品〉として登場し，次いで〈明かりをとるための灯油〉として登場するばかりで，食用になったオリーブ油の話はまったくというほど登場しません。

そういえば，私たちが〈食用油〉とだけ考えがちな〈なたね油〉だって，江戸時代には，何よりも〈燃やして明かりをとる〉ための灯油でした。そこで，〈江戸時代になたね油が占めた役割〉を調べて，〈古代ギリシアでのオリーブ油の生産が，どのような意味をもっていたか〉を考える手がかりとしましょう。

江戸時代には灯油だった〈なたね油〉

〈なたね油〉は，〈今の日本でもっとも多く消費されている食用

油〉です。なたね油はアブラナの種をしぼったものですが、今の日本では、アブラナの栽培やそれからの油の抽出は、それほど重要な産業とはいえません。けれども、江戸時代には、なたね油の生産は、今よりもはるかに重要な産業でした。なたね油は、食用油として利用される以上に〈明かりをとるための灯油〉として大量に消費されていたからです。

江戸時代の人々は、〈あんどん〉などの灯火器の中で、なたね油を灯油として燃やして、明かりをとっていたのです。明治時代になって、西洋から石油ランプがやってきて、石油がなたね油に代わり、さらに電灯が普及するまでの日本の灯火の主役は、なたね油だったのです。

そこで、明治期まで、日本の農村には、そこら中に菜の花畑があって、春には黄色い花が畑を埋めつくす光景が見られたものでした。

問題3

江戸時代の商業の中心地は、大坂（今の大阪）でした。日本全国の生産物の多くは、まず大坂に集められて、それから各地に売りさばかれていたのです。

幸い歴史学者の大石慎三郎さんは、「江戸時代半ばの1714年の一年間に、〈大坂に入荷した商品と、大坂から出荷された商品の金額をまとめた文書〉」を発掘しています。その文書は津田秀夫編『（図説）大阪府の歴史』（河出書房新社　1990年）にも紹介されていて、そこには、米・麦・塩・砂糖・油・木綿・薬・鉄・銅・煙草・干鰯＝肥料など、119品目もの商品が登場しています。

それなら、その文書によると、江戸時代の半ばころに大坂が

取り扱った商品の中で,なたね油は,金額的にみてどれほどの比重を占めていたと思いますか。

予想

ア　1〜3位だった。
イ　4〜9位だった。
ウ　10位以下だった。

なたね油は,断トツの商品だった

　上の文書によると,1714年の一年間に〈大坂に入荷した商品〉の一位は「米」,二位は「菜種」です。また,同じ年に〈大坂が出荷した商品〉は,一位が「菜種油」です。何と,菜種とその油は,大坂取り扱い商品の一位・二位を占めていたのです。

　数量的に見やすいように,上位5位までをグラフ化すると,次のようになります。

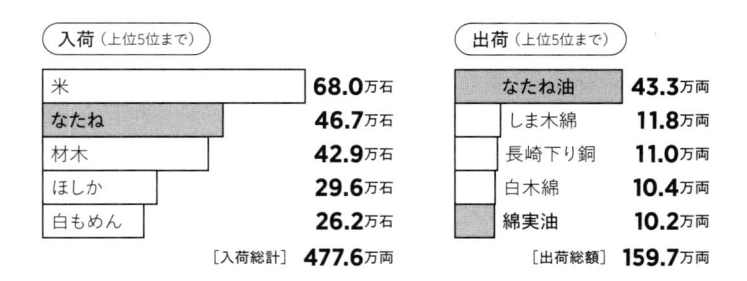

入荷（上位5位まで）

米	68.0万石
なたね	46.7万石
材木	42.9万石
ほしか	29.6万石
白もめん	26.2万石

［入荷総計］ 477.6万両

出荷（上位5位まで）

なたね油	43.3万両
しま木綿	11.8万両
長崎下り銅	11.0万両
白木綿	10.4万両
綿実油	10.2万両

［出荷総額］ 159.7万両

　大坂に大量に入荷した「米」は,そのほとんど全部が大坂で消費されたのでしょう。出荷の部には50位にも入っていません。「なたね油」は原料の「なたね」で入荷して,大坂でそれか

ら油を搾って「なたね油」として出荷していたので，名称が変わっているのです。

〈綿実油〉というのは，木綿のたね＝実をしぼった油で，これも灯油として使用されました。ここには〈銀60匁＝金1両〉という標準換算率で換算して小判での値段を表示しておきましたが，その他の灯油類も合計すると，大坂の全出荷量の39％をも占めています。江戸時代には，灯油がとても大きな経済的比重を占めていたのです。

今日の日本は，外国から大量の原油を輸入しています。それならその輸入に支払う金額は，全輸入量のどのくらいの割合を占めているのでしょうか。いま手元の統計書で2001年のデータを見ると，原油に石油製品を加えて13.3％となっています。液化ガスの5.0％を加えても18.3％です。また，大量に輸出されている〈自動車と自動車部品〉の割合を調べると，全輸出量の18.5％となっています。

これらの数字と〈江戸時代の日本の商業の中心地＝大坂が出荷した灯油の割合39％〉を比べてみると，灯油で明かりをとっていた時代の灯油の重要性が大きく浮かび上がってきます。古代ギリシアの時代のオリーブ油の産業経済的重要性は，今日の石油以上だったと言ってもいいのです。

古代ギリシア時代のオリーブ油は，今日のりんごやバナナなどの果物や，バターやマーガリンに相当するものではなくて，石油や電気に相当する重要生産物だったのです。

古代ギリシアは，古代最大の産油国だった

いま，ふつうに「油＝オイル」といえば，石油のことです。ところが，江戸時代には「油」といえば，石油製品の〈灯油〉ではなくて〈なたね油〉のことで，古代ギリシアの時代には〈オ

リーブ油〉のことだったのです。

　古代ギリシアでも，オリーブ油のうち〈バージンオイル〉などと呼ばれる高級品は，食用にしたのかも知れません。しかし，普通のオリーブ油は，灯油として利用するのが当たり前だったのです。

　今日では，〈石油をたくさん産出する国〉のことを〈産油国〉といって，重視しています。古代ギリシアは，古代にあってとても重要だった「油」を生産し供給する国，〈古代最大の産油国〉だったのです。だから，古代ギリシア人たちは穀物が自給自足できなくても，安心してオリーブ油を輸出して穀物を輸入して生きていけたのです。今日の日本人が自動車や電気製品などを輸出した外貨で食料品を輸入して生きているのと同じことです。

　そこで，〔問題1〕の正答は，「古代ギリシアの文明は，オリーブ油の生産と輸出という産業経済の発展があって成長することができた」と言っていいことになります。

文字どおりの「明るい」時代のはじまり

　私たちは「歓迎すべきいい時代」のことを，「明るい時代」とか「文明」などといって，「明るい」という言葉で表示しています。オリーブ油を燃やす前の時代だって，材木や獣の油脂を燃やせば明かりをとることができました。けれども，材木や動物の油脂を燃やすと，たくさんの煙やいやな臭いを出します。だから，その明かりで落ち着いて本を読んだりすることは困難です。

　古代最大の歴史家として知られるヘロドトス（前485〜前425頃）は，その著『歴史』の中で，「沼沢地帯に住むエジプト人は〈ヒマの実から採った油〔ひまし油〕〉を使った」と書いていま

す。オリーブ油以外のものを灯火として利用する人々もあったのです。しかしヘロドトスは，〈その油は，「灯油としてはオリーブ油に劣らないが，強い臭気を放つ」〉と言い添えています。その点，オリーブ油は理想的な灯油だったのです。

「オリーブ油によって〈夜だって本を読める時代〉がやってきた」ということは，古代ギリシアの文化にとって，とても重要なことです。多くの人々は，昼間は働きます。本を読むのはたいてい夜です。その夜に本が読める時代がきたから，古代ギリシアで，哲学や科学が発達することになったのでしょう。オリーブ油という灯火の普及は，読書を普及させるのに大きく貢献したのに違いありません。

　古代ギリシア最大の名産品であったオリーブ油とぶどう酒は，両方とも液体です。だから，大量に生産したそれらの産物を持ち運ぶには，それらを入れる容器が必要でした。さいわいギリシアは，陶器を作る陶土にも恵まれていたので，人々は陶器の壺を大量に作りました。そこで，創意ある人々は，その壺の表面を見事な絵で飾りたてました。古代ギリシアの芸術は，それらの陶器の美術から発展したと言ってもいいのです。

　古代ギリシアは，一つの国ではなくて，小さな〈ポリス＝都市国家〉の集まりですが，その中で最も栄えたポリスは，アテナイでした。そのアテナイは，オリーブ油の生産の中心地であり，また陶器の生産の中心地だったからこそ，ギリシアの中心になりえたのでしょう。

オリーブ油の輸出の始まりとソロンの改革

　　それでは，ギリシアがオリーブ油を大量に輸出するようになったのは，いつ頃のことだったのでしょうか。

　　紀元前600年ごろの，アテナイの陶器の普及をみると，それ

はギリシア北方の黒海に達しており，イタリアや南フランスにもわずかばかり及んでいたようです。アテナイの陶器の遺物がそれらの地方で見いだされるのです。アテナイのオリーブは，それらの陶器の壺に入れて輸出され始めていたのです。

その少し後の紀元前594年，アテナイでは「ソロンの改革」という大きな政治改革が起きました。〈有力者たちに対する下層市民の不満〉が「爆発寸前に達した」というので，ソロンという有力者が最高指導者アルコンに選ばれて，改革を指導したと言われています。

そのころのアテナイの市民には，〈借金のために土地を失い，「作物の1/6を地主に差し出すこと」を条件に地主の土地を小作していた隷属農民たち〉がかなりいたのですが，ソロンはそれらの人々を救うために乗り出したのです。そのような身分の人々は，その1/6の年貢を払えないと，奴隷身分に落とされる恐れがあったのです。そこでソロンは，下層農民の債務を帳消しにさせたうえに，〈市民が自分の身体を抵当に入れて借財をする習慣〉を法律で禁止しました。そしてそれ以後，市民が奴隷に落とされる心配を無くしたのです。

ソロンはまた，「それまでのアテナイ市民の身分が〈古くからの家柄〉で決まっていた」のを止めさせました。そして，〈土地からの収益〉を基準にして，市民を〈五百石階級〉〈騎士階級〉〈農民階級〉〈労働者階級〉に分けました。そして，最高指導者のアルコンになれるのは〈五百石階級〉〈騎士階級〉だけ，財務官になれるのは〈五百石階級〉だけなどと，その階級に応じて，政治への参加の程度をきめました。また，最下級の〈労働者階級〉でも，民会（市民の総会）には参加できるようにしました。そこで，市民は誰でもアテナイの政治に関与できることになり，民主的な政治制度に道を開いたのでした。

伊藤貞夫ほか『(世界の歴史2) ギリシアとヘレニズム』(講談社　1976年) などによると, これまで多くの歴史学者は,「ソロンがそのような改革をしたのは, アテナイにはその当時貧しい市民がふえて, 不満が高まったからだろう」と思いこんでいて, 歴史の史実とのつじつまが合わなくて困っているようです。しかし私は,「その反対に考えたほうがいいのではないか」と思っています。「貧しい人が多くなって改革が起きた」と考えるよりも,「豊かになる人々がふえて, 民主的な政治への要求が高まったのではないか」と考えたほうがいい, と思うのですが, どうでしょうか。

　このとき, ソロンは〈オリーブ油以外の農作物〉の輸出を禁止しました。アテナイではただでさえ穀物が不足していたのに, 金持ちたちの中には自分たちの利益のために穀物を輸出してしまう人がいたのでしょう。そうなると, アテナイでの穀物の値段が上がって, 下層の市民たちが困ることになるからです。

　その代わり当時すでに輸出の始まっていたオリーブ油の輸出を奨励することによって, さらに輸出市場を広め, アテナイの産業経済を繁栄させることを意図したのに違いありません。そこで, 人々の生活レベルが高まり, それが民主化の要求ともなってきたのに違いありません。

　少し後のことになりますが, アテナイの大哲学者となったプラトン (前428～前347) は若いころ,〈エジプトにオリーブを持って行って, 旅費を調達した〉という話も伝わっています。

僭主となったペイシストラトスの善政

　アテナイの政治は, ソロンの改革以後, 平穏になったかというとそうは行きませんでした。どんな改革にも,「その改革は

やりすぎだ」という人々と,「不徹底だ」という人々が現れるものです。そこで, ソロンの改革後数年にして, アルコンの選出が一度ならず二度も, できなくなる事件が起きました。それに, 一年限りのはずのアルコン職に二年以上も居すわる有力者が現れたりして,「筆頭のアルコン職を十人で分担する」という異常事態まで生じたということです。

こんなとき, ペイシストラトスという人が現れました。彼はまず, 自分で自分の身体に傷をつけて,「反対派によってこんな傷を負わされた」と訴えました。そして, 民会の決議によって, 護衛兵をつけることを認めさせると, その武力を用いてアテナイの独裁権を手に入れてしまいました。

古代ギリシアのポリス社会は, もともと国王のような独裁者はいないはずでした。ところが, それ以前から, いくつかのポリスでは, 非合法に国王同然の権力をもつ有力者が現れて, 独裁的な政治をしていました。そのような有力者のことを〈僭主〉といいます。〈潜在的な主＝国王〉というわけです。ペイシストラトスは, アテナイの最初の僭主となったのです。紀元前560年ころのことです。

はじめ彼の政権はなかなか安定しませんでした。彼は反対派の有力者から攻撃されて, アテナイから二度も追放されました。しかし, 彼はしぶとく戦って, ついに安定政権を手に入れることに成功しました。紀元前546年のことです。

僭主は民主的なルールを無視して非合法に独裁者になった人のことですから, その政治は悪い政治になりがちです。しかし, ペイシストラトスはかなりいい政治家だったようです。僭主の地位を維持するには, 多くの下層市民に支持されることが必要でした。そこで彼は, その巨大な富を〈年中行事として行われるディオニュソス神に捧げる演劇祭〉などに寄進して, 悲

劇の競演をはじめさせ,民衆の支持を得たといいます。

　そのころ,アテナイでは黒海や地中海の各地の輸出市場が開けて,オリーブ油とぶどう酒の生産と輸出が激増し,それに伴って陶器の生産も増大しました。そこで,社会の様子が大きく変わってきたので,有力者たちの間の争いが活発化し,さらにそれまで政治にはあまり関わりのなかった人々までが要求をだすようになったのでしょう。そこで,そのような社会の変化をもとに,民衆の支持を得た人が僭主となったのでしょう。

　「何人もの有力者が争いつづけて政治の混乱がつづくのと比べれば,有力な僭主が強力な政治をするほうがいい」ということもあったわけです。

　民主的な時代には,多くの人々の創意が発揮されて,芸術も大きく進歩します。アテナイ製の陶器の壺には,ホメロスの叙事詩の物語にもとづいた絵図が素晴らしく躍動的に描かれたものがたくさん残っています。それらの絵図も輸出先の人々から愛好されて,アテナイの陶器の壺の輸出も伸びていったのに違いありません。ペイシストラトスが僭主だった時代には,アテナイの陶器の絵図の技法も大きく変わりました。〈黒絵式〉から〈赤絵式〉に変わって,詳しい表現が豊かにできるようになったのです。そこで,オリーブ油もぶどう酒も,それらを入れる陶器の壺ともども輸出が急速に伸びて,アテナイの人々の所得も大幅に上昇したに違いありません。

　ペイシストラトスについては,ローマの政治家でギリシアの学問の摂取に熱心だったキケロー(前106〜前43)が,『弁論家について』という本の中で,こう書いています。

　　「〔ギリシアに七人の〈賢人〉がいたと言われている〕その同じ時代,ペイシストラトスよりも,学識があり,ペイシストラ

トスよりも文学の素養に裏打ちされた雄弁をそなえていたと伝わる人が誰かいるであろうか。彼は，それ以前は混乱していたホメーロスのテクストを現在われわれのもっているテクストの形に編纂した最初の人である。なるほど，彼は同胞市民にとって有益な人ではなかったが，雄弁をもって華々しく活躍し，その文学の素養や学識は余人を凌ぐものがあったのである」

(大西英文訳『キケロー撰集7』岩波書店　1999年　403ページ)

これによると，ペイシストラトスは，独裁政治家であるだけでなく，弁論がすぐれ，学者でもあって，「古代ギリシア人の間で長いあいだ口伝えで伝承されてきたホメロスの叙事詩『イリアス』と『オデュッセイア』を文字化した」というのです。そこで最近，この事業に注目して，ギリシア文化の起源について新しい仮説を出した哲学者がいます。ポパーという英国の哲学者です。

ポパーの仮説

ポパーは，1902年にオーストリアに生まれ，のちに英国に移住した哲学者なのですが，「哲学，20世紀の思想の分野でもっともすぐれた成果を挙げた」というので，1992年に「京都賞」を受賞しました。そこで京都で，「ヨーロッパ文化の起源——その文学的および科学的根源」という演題で講演したとき，その仮説を提出したのです。その講演記録は，長尾・河上編『開かれた社会の哲学』(未來社　1994年) に収録されているのですが，ポパーは，

「〈アテナイの奇跡〉をもたらした主要原因は，僭主ペイシ

>　ストラトスが下した重大な決断，即ち学識ある奴隷たちに命じて，ホメロスの叙事詩『イリアス』と『オデュッセイア』を筆記し，相当部数を編纂して，友人や都市の有力者たちに配ろうとした決断にある」

と言いきっています。

　活字印刷術の発明以前，本は「人の手で一文字一文字書き写されて伝わっていた」のです。古代ギリシアでは，奴隷身分の人たちにも読み書きのできる人々がいたので，それらの奴隷たちに，エジプト原産の〈パピルス〉の上にたくさんの本を書き写させたというのです。

　ポパーが〈アテナイの奇跡〉というのは，アテナイが，「素晴らしい文化的作品を産みだし続け……政治は民主化され，偉大な悲劇作家・画家・彫刻家・建築家たちが次々に輩出し，小都市アテナイは美において比類ない都市になった」という出来事を指しているのです。それが，「僭主ペイシストラトスのホメロスの文書化から始まる」というのです。

『イリアス』と『オデュッセイア』は，ギリシア文学史上最古の長編叙事詩で，全文が日本語に訳されています。前者は「〈トロイ戦争〉十年目の数十日間の出来事を描いたもの」で，後者は，「オデュッセイアがトロイ戦争終了後，故郷に帰りつくまでの出来事を描いた英雄物語」で，両者とも1万行を越す大長編です。

　ポパーによると，その事業は大きな成果を挙げました。

>　「アテナイにおいて，ホメロスは直ちに大人気を博し，誰もがそれを読み，たいていの人はそこここを暗誦できるようになっていました。ホメロスを読むこと，それこそが最初

の公的・私的な娯楽だと言っても差し支えありません」

〈ホメロスの叙事詩の文字化〉によって,

> 「ホメロスはアテナイ人のバイブルとなり,最初の教科書,手習いの読本,綴りの教本となりました。そして『オデュッセイア』は最初の小説として読まれたのです。それが余りに面白かったので,アテナイ人たちは,読むこと,書くことに精を出し始め,アテナイ人を文字文化の人々に成長させました」

というのです。

そこで「それ以後,各種の書物が商業的に筆写されて,販売されるようになった」というわけです。ポパーはまた,「エジプトからアテナイへのパピルスの最初の,そして大量の輸入が,まさしくまだペイシストラトスが支配者であった時期に始まったことを示す史料に接した」とも言及しています。

ポパーは,その講演の中で,〈商業的に筆写されて販売されるようになった本〉を読むには,灯火の普及も重要だったことは指摘していません。ところが,彼のいう〈本の普及の時期〉の少し前に,〈オリーブ油の普及の時期〉が始まっていたのです。

クレイステネスの政治改革

ペイシストラトスは,前528年に亡くなり,その僭主制は息子のヒッピアスに引き継がれました。ところが,「その弟のヒッパルコスが三角関係のもつれから殺害される」という事件が起きて,ヒッピアスはにわかに圧政者となりました。そこで,ペイシストラトス家の僭主制は,アテナイの市民たちの憎しみ

の対象となりました。そして，名門出身のクレイステネスを中心とする人々が，〈僭主ヒッピアス一派〉をアテナイから追放することに成功して，アテナイの僭主制は前510年に幕を閉じました。

　政権をとったクレイステネスは，アテナイのそれまでの政治制度の大改革に着手しました。彼はまずアテナイ全土を，〈市域・沿岸・内陸〉の三地域に分けました。そしてそれぞれの地域を十の区域に細分して，合計30の区域の中から〈市域・沿岸・内陸〉に属するものを一つずつ機械的に選んで組み合わせ，そのそれぞれを一つの部会とすることにしたのです。こうすれば，〈古くからの家柄〉による地域対立を分断することができる，というわけです。

　クレイステネスは，さらに「一部会50人ずつから構成される〈五百人評議会〉」を設置し，民会での審議事項をあらかじめ議論できるようにしました。また，戦士の組織も十部会制をもとに再編成しました。そして，各部会ごとに部隊長格の将軍を選ぶようにしたのですが，前501年以後は，その将軍は民会で市民全員によって選ぶようになりました。その後，〈ポリス全体の最高指導者のアルコン〉をはじめ，ほとんどの役職は〈くじ引き〉で決められるようになったのですが，将軍職だけはポリスの存亡に係わることなので，市民全体が挙手で選ぶことが続き，任期の制限がなく重任を認めました。

僭主制の終わりと〈陶片追放〉

　こうして，アテナイの民主政治の仕組みがほぼ完成の域に達したのですが，一番大きな問題は，「僭主の出現を予防すること」でした。考えてみれば，僭主になるような人は，弁舌が達者で，人々に影響力のある人です。そこで，クレイステネス

は,〈陶片追放〉制という思い切った制度を採用することにしました。

　その制度は,「〈市民はしばしば愚民でもある〉という反省」をもとにして採用されたものと言ってもいいでしょう。毎年一回,投票をするかどうかを決めるのですが,投票の実施がきまると,「市民一人一人が,〈陶片＝陶器のかけら〉に〈市民に影響力がありすぎて僭主となる恐れがある〉という人の名を記して投票し,その得票がある票数以上になった人をポリスから追放する」というのです（日本では長いあいだ誤って〈貝殻追放〉と呼ばれてきましたが,それは誤りです）。この制度は,「投票が発効するのは,6000票を越えた場合」ということは分かっているのですが,それは投票総数が6000票を越えたときなのか,一人の得票数が6000票を越えたときなのか,分かっていないそうです。

　そのころのアテナイ市民の数はどれほどだったか,確かなことは分かりませんが,ヘロドトスがその『歴史』（松平千秋訳　岩波文庫）巻五の97項に,

> 「アリスタゴラスがスパルタのクレオメネスひとりをだますことができなかったのに,〈三万のアテナイ人を相手にしてそれに成功した〉ことを思えば,一人を欺くよりも多数の人間をだます方が容易であるとみえる」

と書いているところをみると,アテナイの人口は3万人前後だったとみていいのでしょう。

　陶片追放は,クレイステネスがそれを制定してすぐには発効しませんでしたが,前488年に初めて実施されました。それは,ペルシア軍がギリシアに侵入して,アテナイを中心とした防衛軍がそれをマラトンで破った前490年の2年後のことです。〈ペ

ルシア軍の侵略〉という非常事態になって,〈雄弁だが怪しげな指導者の出現〉を気にする市民が増えて,陶片追放が実施されるようになったのかも知れません。

陶片追放という制度は,「〈あんなに多くの人々に影響力のある人は,僭主になってしまうかも知れない〉というだけで追放する」というのですから,一種の〈人気投票〉とも言えるのです。だから,アテナイの人々は,その投票で追放することになっても,それを〈刑罰〉とは考えていませんでした。それに選ばれることは名誉でさえあったのです。そこで,追放に決まっても,その人の名誉には傷がつかず,市内にあるその財産その他の権利は保持された,ということです。

最初の〈市内滞在権〉の喪失には,5年という年限がついていましたが,後には終身となりました。しかし,ポリスの存亡の危機でその人が必要と見なされれば,いつでも呼び戻されるようになっていたのです。それは,ヘロドトスが指摘したように,「一人を欺くよりも多数の人間をだます方が容易だ」という事実につながる〈市民はしばしば愚民でもある〉という反省をもとにして採用されたものと言ってもいいでしょう。そういえば,ヒットラーが政権を握ったのだって,その時代のドイツの民衆が選挙で彼を選んだから可能になったのです。

陶片追放などという制度は政争の道具になりやすく,不幸な結果を招来する可能性もあります。じっさい,その後アテナイでは,有能な政治家が追放されて,ポリス存亡の危機を招いたこともあります。そこで,アテナイでの陶片追放は紀元前417年以後,実施されなくなりました。

民主政治制度というものは,〈大して賢くもなく知識もなく先も見えない人々が政治を動かすのだから,さまざまな危険性をはらんでいる〉ということを多くの人々が承知していない

と，恐ろしい結果も招来しかねないのです。

民主制のもとで発展したギリシア文明

〈民主主義は万能ではない〉ということがあるにせよ，人々は民主主義の制度のもとではじめて創意を発揮できることは明らかです。しかも，古代ギリシアの人々は，オリーブ油という素晴らしい灯油を手にして，明るい夜を迎え，その光で読むことのできる本を手にしえたのです。そんな社会であってはじめて，人類最初の文明が開けたのは当然と言えるでしょう。

おそらく，「古代ギリシアの文明は，〈オリーブ油による豊かさと明かり〉と〈本による学問・芸術の展開〉と〈民主主義による大胆で自由な思想〉とが，たえず相互に影響しあって作り上げられた」と言っていいと思うのですが，どうでしょうか。それは「1900年代のアメリカ文明が，電気と自動車とアメリカ民主主義を中心として展開された」というのと同じような意味で言えると思うのです。

いまのところ，この話は私の大胆な仮説にしか過ぎないのかも知れません。そこで，授業書として提起しませんでしたが，多くの人々の賛同を得れば，もっと資料も加えて，授業書にまとめなおすこともしたいと考えています。古代ギリシア以外での英国や日本の灯火と本の歴史についても，すでに資料がまとまっているので，機会をみて発表したいとも考えています。

現代のオリーブの名産地──（つけたしの問題）

オリーブは，いまのギリシア共和国でも，大量に栽培されていると思いますか。

*

最近の『世界国勢図会』（国勢社，第10版）で，オリーブ油を世界でもっとも生産している国を調べると，①スペイン，②イタリア，③ギリシアの順になっています。

しかし，人口一人当たりの生産量はギリシアが世界第一位で，二位のスペインの2倍以上もあることが分かります。ギリシアはいまでも「世界一のオリーブ油名産地」と言っていいのです。

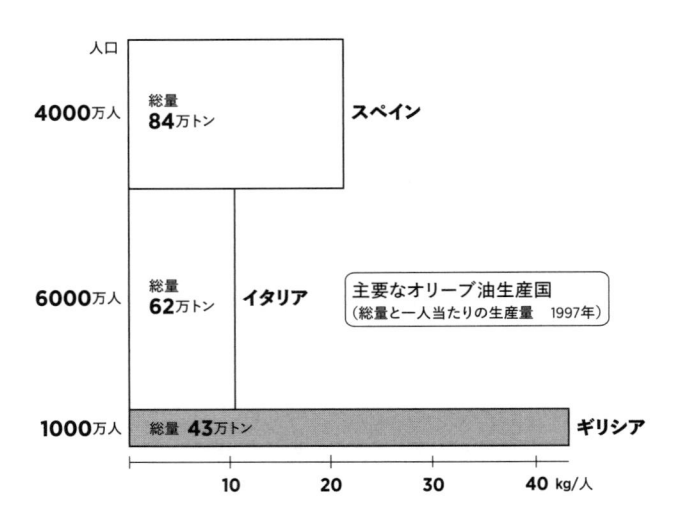

主要なオリーブ油生産国
（総量と一人当たりの生産量　1997年）

人口	総量		
4000万人	84万トン		スペイン
6000万人	62万トン		イタリア
1000万人	43万トン		ギリシア

（横軸：10　20　30　40 kg/人）

オリーブ油はもともと古代ギリシアの名産物でした。ところ

が，古代のギリシア文明圏の拡大とともに，古代のうちにオリーブの栽培はイタリア・スペインにも広まったのです。

古代からのオリーブの栽培地帯は，地中海をとりまく地域に限られています。同地のオリーブの木は，根を深く伸ばして雨の少ない地帯でも枯れないのです。

いまでは，ごく特別な宗教行事のとき以外は，オリーブ油を灯火にすることはないでしょう。しかし，オリーブ油は，最高の食用油として，また美容にもすぐれた性質をもっているというので，地中海地帯で栽培されつづけているのです。

この原稿をまとめるにあたっては，京都の吉田秀樹さんや埼玉の多久和俊明さんなどの協力を得ました。ポパーの京都での講演記録のことは，多久和俊明さんに教えていただき，吉田秀樹さんには，オリーブ油に関する資料を多数提供していただきました。感謝の意を表します。

［初出］
『たのしい授業』仮説社　2006年1月号　No.304
（2009年4月臨時増刊「1時間でできる社会」No.350に再録）

理想主義の再発見

　新年おめでとうございます。今年(1992年)もよろしくお願いします。
　昨年は「ソ連社会主義の崩壊」と「湾岸戦争」という国際的な大事件があり，私たちに多くを考えさせる年になりました。私も，そのときどきに『たのしい授業』に自分の考えを述べさせていただきました。これは，いま考えなおしてみると，異常なことであります。
　もともと『たのしい授業』は，たのしい授業の実現を目指す雑誌であって，「政治的な話題には言及しない」というのが創刊の意図でもありました。それは，「第二次大戦後の日本の教育行政・教育運動はあまりにも管理主義的・政治主義的になっている」との認識に基づくものでありました。ところが，私などが，「政治主義的」と，思っていた教育雑誌も，最近の国際問題については，あまり意見を述べることをしていないというのに，『たのしい授業』のほうがずっと国際的・政治的な事件を記事にしているのです。私たちは，初志に反して，国際的な事柄に関心を持ちすぎたことを反省すべきなのでしょうか。

私はそうは思いません。私は，国際的な事件について意見を述べましたが，それは，それが教育問題に直結していると考えたからであり，それがまた〈社会の科学の教育〉の基礎的な理解と深く関わっていると考えたからでした。それに私は，特定の政治的な立場から論ずることは極力排してきたつもりです。
　私には，最近の国際的な事件のほとんどは，「世界が新しい時代を迎えつつあることを示すものだ」と思われてならないのです。そして，その〈新しい時代〉というのは，〈この雑誌『たのしい授業』がその存在の基礎としている仮説実験授業の考え方を世界が受け入れる方向〉に向かっているように思えてならないのです。

意見の違うことの素晴らしさ

　私は2年前,『たのしい授業』No.90（1990年）にも紹介された「〈科学の碑〉由来記」の冒頭に,

> 「人類は科学によってはじめて，〈人々の意見が違うことのすばらしさ〉を発見することができました。いろいろな人がさまざまな意見をもっていてはじめて，思わぬ真実が発見されてきたのです。そこで，科学は民主主義——少数意見の尊重と歩を一にしてきました」

と書きました。ところが，いまなお世の中の多くの人々は，「紛争が起きるのは人々の意見が違うからだ」と思っています。「みんなの意見が同じなら，あんな紛争など起きなくて済んだのに」と思っています。そういう人々と私たちとは，どこでどのように食い違うことになったのでしょうか。
　「みんなの意見が同じならいいのに」とひたすら思う人々は，

現実に異なる意見をもつ人々があらわれたとき，どういう態度をとることになるでしょうか。そういう人々は，多くの場合，少数の異説を唱える人々を説得することにかかります。そして，多数の人々と同じように考えるように要求します。「みんなの和を乱すのはよくないことだ」といって，異なる意見を抑圧したりします。それしか方法がないのです。
　私は以前，「中国には多数決がない」と聞いて驚きましたが，最近「ソ連にも多数決というものがなかった」と聞いて驚きました。社会主義を唱える国々では，「最初は異なる意見の人がいても，その人々も賛成するように最後まで説得をつづける」というわけです。〈みんなの意見が同じ〉ことを理想とする人々からすると，これは理想的なやり方とも言えるでしょう。しかし，そういう社会は，基本的に他の人々と異なる意見を持つ人々にとって，住みやすい世界と言えるでしょうか。「みんなと意見が違ったらいつまでも〈説得〉されて，みんなに賛成することを表示しなければ解放してくれない」となったら，しぶしぶでも賛成させられてしまうことになります。いまの日本の学校の教師のなかでも，「共通理解」という言葉が流行していて，異なる意見を持ちがちな人々の悩みの種となっているようです。異なる意見の存在そのものを認めたくない社会では，そういうことになりがちです。
　しかし，「みんなの意見が違うことは素晴らしいことだ」という認識から出発する私たちは，無理に説得しようとはしません。いくら議論が立派そうに見えても，「実験してみたら間違っていた」という例をいくらも知っているからです。意見が違ったら，話し合って，お互いにいい所を学びあうことはしても，最後は実験をしてみるよりほかないのです。ある種の実験は簡単にできないかもしれません。それならなおのこと，せっかち

に説得することなく、実験の結果がでるまで待つよりほかないのです。ある社会政策がいいか悪いかということだって、実験の結果きまるのです。

　私は、ソ連社会主義が崩壊した根本的な原因は、こういう仮説実験的な考え方が欠如したことにある、と考えています。マルクス主義にしても何主義にしても、「この考え方が正しいに決まっている」ということを前提とした議論では、実験的な考えが欠如して、選挙などによる人々の意見の取り上げということもしなくなってしまうのは当然のことです。

実験主義的な理想主義の時代が始まる

　もともと社会主義というものは、一つの理想主義から生まれたものでした。それは、「ある人々が独裁して、他の人々の上に君臨するためのもの」ではなかったはずです。そこで、ソ連社会主義の崩壊を目の前にして、理想主義の崩壊を憂える人々がいるようです。しかし、自分の理想主義を他人に押しつけることが、なんで理想主義といえるでしょうか。自分のうちなる理想主義を守り育てることは素敵なことに違いないでしょうが、「その理想がみんなの理想になりうるか、また理想となり続けることができるかどうか」ということは、実験的にのみ言えるのです。

　ある人々は、ソ連社会主義の崩壊を目の前にして、「これからは競争主義の原理が支配して、弱いものを救う福祉的な考えが捨てられる」と考えているようです。しかし、私にはどうしてそんな論理が出てくるのか、理解できません。たしかに、社会主義の理念の中には社会福祉的な考え方が重要な位置を占めています。しかし、「福祉政策は社会主義でなければ実現できない」と考えるならば、それは独善としかいいようがないでしょ

う。ソ連の民衆は，これまでの政策が社会福祉的だったから「ノー」と言ったのではありません。ソ連共産党の指導者たちの独善的な政策にノーといったに過ぎないのです。そういう意味で私たちは，ソ連社会主義の崩壊を全面的に歓迎できるのです。社会主義が崩壊したからといって，理想主義が崩壊したことにはなりません。ただ，独善的理想主義ともいうべきものが崩壊したに過ぎないのです。

　教育の世界には，昔から理想主義が満ち満ちています。教育という仕事は，教師に何らかの理想主義がなければ続けていくことができない仕事なのかもしれません。しかし，これまでの「理想主義」はあまりにも独善的なものに過ぎました。子どもたちが教師の言うことに従わないとき，それを無理やり従わせることによってのみ実現できるような「理想主義」は，なんで理想主義と言えるでしょうか。

　ソ連社会主義の崩壊とともに，多くの人々がそういう独善的な「理想主義」をすてて，本当にみんなから支持されるような理想主義を目指すようになったら，これからの社会はどんなにか明るくなることでしょう。

　私たちは，これまで，カッコ付きの「理想主義」を排して，子どもたち自身が「たのしい」と言ってくれるような，実験結果付きの〈たのしい授業〉の実現を目指してこの雑誌を出してきました。今年も，新しい期待に満ちて，「こうしたら，みんなが〈たのしい〉と言ってくれるようになるだろうか」という夢を見ながら，新しい教育を開発していきたいと思います。

教育の世界での理想主義の形骸化

　政治の世界から教育の世界に目を転ずると，私は18世紀後半から19世紀前半にかけての理想主義・楽観主義と，その後のそ

の敗退のことを思わずにはいられません。18〜19世紀の教育の理想主義・楽観主義は,いわば「バカ,アホウの製造と発見」に終わってしまったと思うのです。

今日の教育界でも,ときどき理想主義的な言葉が聞かれますが,その「理想主義」たるや,「18〜19世紀の理想主義の形骸化した言葉」を引き継いでいるに過ぎないように思われてなりません。じつは,少し前からそのことが気になっていて,研究しはじめてはいるのですが,今回はその構想についてだけ書かせていただくことにします。

「教育学者」の書いたものを見ると,よく「子どもたちの無限の発展の可能性」といったことが書いてあります。ところが,教育現場に目をやると,「最近は馬鹿まで学校に来るので,教育できない」などということが,しばしば言われるのを耳にします。いったいどちらが正しいのでしょうか。しかも,ここでとくに注意すべきことは,同一人物が時こそ違え,その両方の言葉を発することが少なくないことです。そこで,どちらが正しいのか,気になります。「教育学者たちはきれいごとを言っているに過ぎない」のか,それとも「現場の教師の理想が低すぎる」のでしょうか。

じつは,私は前々からこんなことを気にしていたのですが,最近またそのことが気になりだしたのです。それは,ファラデーの研究をしはじめて,「18世紀後半から19世紀前半の科学研究と科学教育の社会史の研究」を再開したことと関係があるのでしょう。この時期の英国の科学教育の思想史に関しては,B.サイモン著・成田克矢訳『イギリス教育史1』(亜紀書房　1977年)という優れた本があります。この本を読むと,18世紀後半から19世紀前半には,今日の教育学者たちがオウム返しにしゃべっている理想主義的な考えが,確信と感動をもって語られている

のを見ることができます。それを読むと、その時代の先駆者たちは単なる〈建前〉ではなく本心からそう思っていた、ということがわかって、とても新鮮な気分になります。その時代の人々は「貧しい家に生まれても、フランクリン（1706〜1790）やワット（1736〜1819）のように自己教育を行えば、優れた能力を身につけることができるのだ」と考え、フランクリンやワットにつづくことを考えていたのです。

「馬鹿・あほう」の製造と発見

それなのに、どうして、そういう理想主義が破れ去ってしまったのでしょうか。

それは恐らく、「1870年からの〈義務教育制度の実施〉と深いつながりがあるのではないか」というのが私の考えです。人々が恵まれない教育条件の中で、それなりに勉強すれば、それは少なからぬ成果をあげたのを確認することができたでしょうが、義務教育が実施されて、学習意欲もない子どもたちまで強制的に集められて無理に勉強させられれば、その勉強に落ちこぼれる子どもたちが現れても不思議ではありません。「最初は無理に勉強させられた子ども」の中にも、勉強が好きになった人々もあったことでしょうが、多くの子どもたちは自ら落ちこぼれたに違いないのです。

「他の子どもたちが一応勉強して、それなりの成果をあげているというのに、ある子どもたちだけは学力が身につかない」となれば、「この子どもたちには人並みの能力がない、頭がよくない」ということにされてしまいます。そういう子どもたちは、他の子どもたちと比べて劣っていることを見せつけられて、「ああ、自分は馬鹿なのだ」と思うことになったでしょう。そしてまた、教育者たちも、「多くの子どもたちの中には、生まれつ

き優れた才能をもったものと,知能が劣って教え甲斐のない子どもたちがいる」ということを「発見」するようになったことでしょう。これが,「バカの製造と発見」というわけです。

　もっとも,「〈馬鹿〉などというものは,強制的な義務教育の実施以前にはいなかった」というわけではありません。それより前にだって,生理的・精神的な欠陥をもっていた子どもたちは,外から見ても,生まれつき知能が劣っていることが明らかです。おそらく,そういう人々が「馬鹿の代表」だったのでしょう。ところが,義務教育の発足のころから,「他の子どもたちは授業についてくるのに,ある子どもたちは授業についていけない」ということが明らかになって,「すべての子どもたちが無限の発展の可能性をもっているわけではない」と認められるようになったのでしょう。しかし,大学で「教育原理」などを教えている先生方は,現実の教育現場には目をくれずに,「18世紀後半から19世紀前半の理想主義的な考え方をそのまま受け継いでいるだけ」なのではないか,と思うのです。

理想主義はそれを実現する〈手立て〉と共に語ろう

　それなら,私たちはこの問題についてどう考えたらいいのでしょうか。私の考えははっきりしています。これまでの学校教育から落ちこぼれた人たちは,なにも「生まれつきの馬鹿」だったわけではないのです。その子どもたちは,他の子どもたちとは違って,興味の持ち方が違っていて,「少しつまらない授業だと,とたんに学習意欲をなくしてしまっただけだ」と思うのです。「そういう子どもたちだって,本当に学ぶに値する教材を与えれば,学習意欲を高めて,勉強から落ちこぼれるなどということはないだろう」と思うからです。さいわい私たちは,そのことを証明することができつつあります。「仮説実験授業

をはじめとするたのしい授業を実施すれば、すべての子どもたちがその持ち前の賢さを発揮できる」ことは証明することができています。

　理想主義というものは、その理想を実現する手立てなしに主張されるだけだと、その理想が実現できなかったとき、恐るべき反動がやってくるようです。学校の中でもっとも強圧的な教師たちは、はじめから強圧的であったわけではないでしょう。その人々もまた、かつては理想主義を掲げた教師だったに違いないと思うのです。しかし、「いくら理想主義を掲げて努力しでも、現実がその理想のようにはならない」ということを知ったとき、その人々は理想主義の放棄を迫られたのでしょう。「現実に忠実であろうとすれば、それよりほかない」ということになります。

　しかし、人々の理想がなかなか実現できないのは、「その理想そのものが間違っているから」とは限りません。「その理想を実現する手立てが間違っていたから」に過ぎないこともあるわけです。私たちは、この『たのしい授業』によって、そのことを確認してきたつもりです。私は、ふだん、「理想、理想」とは言いません。「それが挫折したように見えた時、それは恐ろしい反動を引き起こす」ということを知っているからです。しかし、理想の一部でも実現できることがわかったら、黙っているべきではないでしょう。だから私たちはこの『たのしい授業』という雑誌を編集発行しているのです。

［初出］
『たのしい授業』仮説社　1992年1月号　No.111
（板倉聖宣『教育が生まれ変わるために──教えるに価するものは何か』仮説社　1999年所収）

発想法かるた ❷
実験すむまであきらめず

真理は実験が決める

　とくに自分の予想が少数派の場合，多数派からなんだかんだいわれると，自信をなくしてしまいがちなものです。ほかの人たちの意見のほうが正しいと思ったら予想変更すればいいのですが，そうも思えなかったら，自分の予想に固執してもいいのです。多くの人が説得されたからといって，それが正しいとは限りません。

　たとえ，自分の意見がうまくいえなかったり，「ただなんとなくそう思えるだけ」というときでも，実験で自分の正しさが証明できればいいのです。ときにはそんな気分になって，「実験すむまであきらめず」と頑張ることも大切なのです。

［初出］
板倉聖宣『発想法かるた』仮説社　1992年（縦書き）

今後の理想をどこに求めるか
不思議な言葉「資本主義」のなぞ

はじめに——「資本主義」という言葉へのこだわり

　あなたは,「〈資本主義〉という言葉は変な言葉だなあ」などと思ったことがありませんか。

　いつごろからか,はっきりした覚えがないのですが,私はかなり前から,そんなことを気にしてきました。「いわゆる資本主義」を支持するとか反対するとか,という次元での話ではありません。「言葉として納得がいかない」というのです。「〇〇主義」という言葉は沢山あって,「民主主義」とか「個人主義」とか「自由主義」とか「社会主義」などともいいます。そういう言葉は,たとえ詳しくはわからなくとも理解できるような気がします。けれども,「〈資本主義〉という言葉にははじめから抵抗がある」というのです。

「主義者」のいない資本主義

　とはいっても,私自身「なぜ〈資本主義〉という言葉に違和感があるのか」,その理由がよくわかりませんでした。そこで,

少し分析してみたのですが、まず気になるのは、「社会主義」とか「民主主義／個人主義」といった言葉の場合は、「社会主義者／民主主義者／個人主義者」というように、「その〈主義者〉という人がいるのに、〈資本主義者〉という言葉はほとんど使われない」ということにも現れているように思います。

念のため、いま『日本国語大辞典』(小学館)を調べて見ても、「社会主義者」という言葉や「資本主義／資本家」という言葉が載っているのに、「資本主義者」という言葉は出ていません。もちろん、ごく稀に「資本主義者」という言葉を使う人があったとしても、「お前は資本主義者だ」と悪口に使うだけではないでしょうか。ときには、そういう悪口を言う人に対して、「ああ、俺は資本主義者だよ」などと開き直るときに「資本主義者」という言葉を使う人がいても、自ら「私は資本主義者だ」と名乗ることは、まずないのです。

しかし、「資本主義」の対語と思われてきた「社会主義」という言葉の場合は、「私は社会主義者だ」と名乗る人が少なくありませんでした。いや、昔はただ「主義者」といっただけで、「社会主義者／共産主義者」を意味していたほどです。けれども、「主義者」というのは、なにも「社会主義者／共産主義者」の専売物というわけではありません。「民主主義」だって「個人主義／自由主義」だって、みずからその「主義者」と名乗る人がい

★
『逆引き広辞苑』(岩波書店)によって「主義」のつく言葉を探すと、まず「社会主義・民主主義・資本主義・イズムを見よ」とあって、「悪魔主義・アリストテレス主義」から「論理実証主義・論理主義」まで、なんと280語も上がっています。その中には、「ダーウィン主義・ニュートン主義」は〈死語〉と見なされてか、入っていないのですから、本当はもっともっとたくさんあることになります。

ました。

　それなのに，資本主義の場合は「資本主義者」と名乗る人がいないのです。そこで，政党でも，「社会主義者党＝社会党」という党は存在しても，「資本主義者党」という党は存在しないのです。「資本主義／封建主義」という言葉は，「自由主義／個人主義／民主主義／社会主義」などという言葉と違って，自らその「主義」を信奉すると名乗る人がいないで，ほとんどいつも悪口として使用されてきたのです★★。そう考えると，「資本主義対社会主義」という話は，はじめから話がおかしいことになってしまいます。それは，「○○改正反対」というのがおかしいのと似ています。「改正」なら賛成に決まっているのです。しかし「○○改正賛成」というのは当たり前すぎます。そういうことを言うのなら「○○改変」に反対とか賛成とか言わなければなりません。

★★
もっとも，マックス・ウェーバー著『プロテスタンティズムの倫理と資本主義の精神』(1904年)の場合は，その表題にある資本主義＝Kapitalismusという言葉は，悪口とは言えません。しかし，この本の岩波文庫本の上巻44ページには，「〈資本主義〉は中国にも，インドにも，バビロンにも，また古代にも中世にも存在した」などとあるところを見ると，資本主義という言葉の使い方が日本での通常の使い方とはかなり違うようで，これについては別に考えたいと思います。なお，ドイツでは，ウェルナー・ゾンバルト著『近代資本主義』(1902年)などという本も出ていました。

「資本主義革命」とも言わない

　そういえば，社会主義という言葉には「社会主義革命」という言葉が対応するのに，資本主義の場合には，「資本主義革命」

とは言いません。そこで、「資本主義革命」に相当するものを歴史の中に探すと、「市民革命＝ブルジョア革命」となります。

それなら、「〈市民革命＝ブルジョア革命〉イコール〈資本主義革命〉と考えていいか」というと、どうもそうは言えそうにありません。「社会主義革命」というのは、「社会主義社会の実現を目指す革命」と言えますが、「市民革命」というのは、「資本主義を実現するための革命」というよりも、「自由と平等」を求める「民主主義革命」といったほうがぴったりするからです。「市民革命」を目指した人々は、それ以前の「封建社会／貴族制社会」で一般的だった「身分制度」の廃止を主張しました。そして、「あらゆる人間は平等であるべきだ」と主張し、「他人の利益を侵害しない限りで、各個人の自由な生産活動を保証する社会」の建設を目指したのです。その自由の中には、〈資本を活用して儲ける自由〉も含まれていました。だから、資本家たちは、市民革命の実現後はじめて、資本を大規模に活用して生産活動を行えるようになったのです。

ですから、市民革命以後の市民社会は、資本家たちにとっても住みよい社会であったことは間違いありません。しかし、〈市民革命以後の市民社会〉＝〈資本主義社会〉といったら、短絡すぎると言わざるを得ないでしょう。

こう考えてくると、「〈資本主義〉という言葉はもともと、社会主義を目指す人々が、自分たちの克服すべき社会をイメージするために、市民社会＝自由・平等・民主主義のある一面だけを誇張して名付けた言葉ではないか」と疑われてきます。

「資本主義」という言葉はいつ頃できたか

それなら、「資本主義」という言葉、あるいは「キャピタリズム」という言葉は、いつごろ、どのようにしてできたのでしょ

うか。

　いわゆる「資本主義」の社会は、もちろん「社会主義」思想が盛んになる前からありました。社会主義というのは、もともと「資本主義社会を克服するものとして構想された」と言ってもいいほどですから、社会主義より資本主義のほうがずっと前からあったことは当然のことです。そこで、たとえば、平凡社の『児童百科事典』を見ると、「資本主義は、まずはじめはヨーロッパで1500年代なかばごろから発達した」と書いてあります。一方の「社会主義」社会は、1917年のロシア革命によってはじめて現実のものとなったのですから、いわゆる「資本主義社会」は、「社会主義社会」よりも350年以上も古いことになります。

　しかし、「資本主義」という言葉は、「社会主義を目指す人々が、自分たちの克服すべき社会をイメージするために、市民社会＝自由・平等・民主主義のある一面だけを誇張して名付けた言葉なのかもしれない」としたら、社会主義という言葉のほうが先にできて、資本主義という言葉のほうが後からできたとしても不思議でないことになります。いったい、どちらのほうが古くからあるのでしょうか。

　そんなことが気になって、『オックスフォード英語辞典＝OED』を調べてみました。『オックスフォード英語辞典』という辞典は、もっとも網羅的な英語辞典として定評があって、語源や初期の使用例が詳しく載っているからです。そこで、その辞典でSocialism＝社会主義とCapitalism＝資本主義の項を引いて見たら、まず「Socialism」の項には、

　「語源は、フランス語のsocialisme（1832）またはそれと独立にできた言葉。この言葉の初期の歴史は漠然としており、

*socialisme*というフランス語の最初の用例は，1832年2月13日の*Globe*に見られ，そこでは*personnalité*〔個人主義〕に対比して用いられている。その新しい意味での用例は，多くの人々の主張によると，LerouxやReybaudがその後3〜4年のうちに使ったとされている。また，『ブリタニカ百科事典』(1887) 22巻205ページは，英国でこの言葉の最初の使用例を認定して，この言葉はロバート・オウエンの設立した協会での討論の中で1835年に用いられたという」

とありました。

そして，「Capitalism」の項には，まず，

「資本を保有する条件；資本家の地位；資本家の存在に好意をもつシステム」

とあって，

「1854年 サッケリー *Newcomes* II .75〈資本主義の意味がPaul de Floracの酔いを覚まし，威厳を添えた〉，

1877年 A. Doual: *Better Times* (1884) 10,〈このプライベートな資本主義の制度の起源は比較的新しい〉，

1884年 *Pall Mall G.* 11 Sept. 6/1〈原始的なキリスト教的共産主義の上を這うべき資本主義のための覗き穴〉」

の3用例だけが上がっていました。

これによると，「資本主義」社会は1500年代の半ばごろに出現したというのに，「Capitalism＝資本主義」という言葉は，それより300年もあと，「社会主義＝Socialism」という言葉よりも

後になって造語されたことになります。私の予想通りです。
「社会主義」の崩壊は「資本主義」の勝利を意味するか

　私は，もともと〈言葉そのものに対する疑問〉から「資本主義」という言葉にこだわったのですが，その疑問は，これまでしばしば「資本主義対社会主義」という対比が問題になったことにも関連しています。

　前に指摘したように，「〈資本主義〉という言葉は，もともと社会主義を目指す人々が，自分たちの克服すべき社会をイメージするために，市民社会＝自由・平等・民主主義のある一面だけを誇張して名付けた言葉」だとすると，「〈資本主義か社会主義か〉という問題提起自身がニュートラル＝中立的なものではなく，一方に偏したもの」ということになるからです。

　ところが，私がそんなことを気にしているうちに，「東ヨーロッパとソ連の社会主義体制が内部から崩壊する」という大事件が起きました。私自身はそれよりかなり前から社会主義に疑問をもつようになっていたのですが，じつは，私も一時，社会主義に好意をもったことがあり，私の友人たちの多くも「社会主義びいき」でした。そこで，「社会主義体制の内部崩壊」という事件は，他人ごととして見過ごすことができませんでした。

　ソ連や東欧の社会主義が崩壊するまで，社会主義を信奉してきた人々は，「資本主義社会の矛盾を克服するためには，社会主義にするよりほかない」と考えていました。そこで，それらの人々は，「〈資本主義社会が崩壊して社会主義社会になる〉ということはあっても，その逆はあり得ない」と考えてきたのです。ところが，その逆のことが起きたのですから大変です。

　それまですでに私は，社会主義体制に疑問を持っていたので，1987年1月号（No.47）の『たのしい授業』に「企業の精神

と近代科学の精神」という論文を発表して，社会主義社会と資本主義社会を対比して論じました（後に，板倉聖宣『社会の法則と民主主義』仮説社，に収録）。そのときは私もまだ，「〈資本主義か社会主義か〉という問題提起自体が間違っているのではないか」と指摘するまでに至らなかったのですが，その後の「社会主義体制の崩壊」に対する「もと社会主義シンパ」の人々の対応の仕方を見て，改めて「〈資本主義対社会主義〉の対比の不適切さを問題にしないわけにはいかない」と感ずるようになりました。

「ソ連と東欧の社会主義体制の崩壊」という大事件を知ったとき，それまで，特別な主義主張をもっていなかった人々は，この事件を「社会主義体制に対する自由と民主主義の勝利」と理解しました。しかし，それまで社会主義に多少とも好意をもっていた人々は，そう簡単には思いませんでした。その人々は，「自分が好意をもってきた社会主義社会と対立してきたのは資本主義社会だ」と考えてきたので，この事件を「社会主義体制に対する資本主義体制の勝利」と理解するほうが自然でした。

社会主義の崩壊＝資本主義の勝利と考えた人々の混乱

ところが，それらの人々はもともと「資本主義は遅かれ早かれ社会主義にとって変わられる」と信じていたので，「社会主義体制は資本主義の手先の謀略によって覆されたのだ」と考えたいところでした。しかし，実際にはそのような謀略などありそうもないので，「社会主義体制が内部崩壊した」ということだけは認めざるを得なくなりました。

この事件は，それまで多少なりとも社会主義に夢を託していた人々に，「社会主義は常に資本主義より優れているとは言えない」という教訓をもたらしました。そこで，これまでいつも

「資本主義→社会主義」
という図式でだけ社会を理解して，社会主義を支持してきた人々は，混乱に陥らないわけにはいかなくなりました。

　そういう人々は，「社会主義に対立しているのは資本主義という悪い社会体制だ」と考えていたので，「社会主義のほうが内部から崩壊して，資本主義社会のほうが安定している」というのは理解できなかったからです。そこで，一部の人々は，「ソ連や東欧は本当の社会主義社会でなかったから崩壊したのだ。〈真に科学的な社会主義〉なら，資本主義より優れているはずだ」と考えて，いまなお社会主義思想を堅持することを表明しています。それは，論理的には首尾一貫していると言っていいでしょう。

　しかし，多くの人々は「社会主義の敗北と資本主義の優位」を認めざるをえませんでした。けれども，その人々は，それまで「資本主義がだめだから社会主義に移行する必要がある」と理解していたので，「いまさら資本主義社会を是認することはできない」と考えました。「資本主義はだめだ。しかし，資本主義を克服しようとした社会主義はもっとだめだ」ということになったら，何を理想として生きていったらいいのでしょう。「だめな資本主義」の中でもんもんと暮らさなければならないことになるではありませんか。じっさい，多くの人々は思想的な拠り所を失って，思想的な混乱に陥ることになりました。

社会主義がだめなら，その資本主義批判も再検討を要する

　けれども，ここで，前に（102ページで）指摘したように，「〈資本主義〉という言葉はもともと，社会主義者たちが市民社会のある一面だけを誇張して名付けた言葉なのかもしれない」という考え方を思い出したらどうでしょう。

そうなると、「社会主義がだめ」とわかったら、これまでの社会主義者たちの「資本主義批判」の考え方も疑ってみることが必要になってきます。そう考えると、この問題に対する理解が大きく変わってきます。そして、これまで特別な主義主張を持たなかった人々が、この大事件を見て判断した考え＝「この事件は、社会主義体制に対する自由と民主主義の勝利」と理解することができるようになってくるでしょう。

　私の考えによると、「社会主義が崩壊したとすれば、それは同時に、それらの社会主義を支持してきた人々が頭に描いてきた〈資本主義の幻想〉の崩壊でもあるはずだ」というのです。

明治維新のもたらしたもの

　日本の場合、明治維新が市民革命に相当します。市民革命＝ブルジョア革命というと、「フランス革命がもっとも典型的な市民革命だ」と言われることが多いのですが、私はこれまで、明治維新の研究から、「明治維新というのは、フランス大革命以上に典型的な市民革命だ」といいうると考えてきました。私は、『歴史の見方考え方』（仮説社）と『日本史再発見』（朝日新聞社）の2冊の中で、そのことを明確にしたと思っています。

　その市民革命によってもたらされたものは、〈資本主義社会の確立〉などではありません。第一、明治維新のときの日本には、資本家らしい資本家などほとんどいなかったではありませんか。しかし、「日本人は、明治維新によってはじめて、身分の束縛をほぼ完全に脱し、自由で民主的な社会に向けて第一歩を踏み出した」ということは間違いありません。「明治維新でもたらされた民主主義や自由はまだまだ不完全なものだった」とはいえても、それが新しい時代の出発を告げたことは間違いないのです。

その〈新しい日本の社会〉は，資本家たちにとっても，住みよい社会でした。そこで，日本にも資本家といえるような人々がだんだんと育ってきました。そして，それらの資本家たちはますますその資本を蓄え，社会的な基盤を確かにして，その勢力を拡大していきました。そして，藩閥勢力に代わって日本の社会を牛耳るようになりました。そこで，それらの人々は社会を独裁的に支配するほどの力を蓄えるに至りました。

　しかし，その一方，資本家の独裁体制を憂える人々は，舶来の社会主義思想をも受け入れて，資本家の独裁体制に対して大衆的な民主主義の普及活動につとめるようになりました。その結果，日本でも「普通選挙制度」が確立して，一般大衆の自由と民主主義も確保されてきました。そういう中で，ロシアに最初の社会主義革命が起きたのです。そこで，日本の社会主義者や共産主義者たちも，それに力を得て，日本で社会主義革命を起こすことを目標に，まず民主主義の徹底を要求してたたかってきました。

敗戦後の日本は，資本家の独裁国家にはならなかった

　もっとも，日本の社会主義・共産主義運動は，日本の国家主義のためにほぼ完全に弾圧されてしまいましたが，敗戦後その勢いを盛り返しました。

　そして，新しく育った自由主義・民主主義者たちとともに，戦前からの国家主義を解体し，封建的な遺物の追放を行い，欧米にも残っていた「工員と職員」の身分差別などもなくして，多くの人々にとって住みよい「平等の社会」を築くことに成功しました。ある人々に言わせると，「敗戦後の日本は，ソ連・中国などの現実の社会主義社会よりももっと社会主義的な社会になった」と言うほどにまでなったのです。日本にもたくさんあ

る国営や公営の施設や生協などは社会主義的なものとも言えるのです。

もちろん、日本には「資本家がその資本を活用して儲ける自由」がありますから、社会主義社会とは言えません。しかし、現代の日本が、社会主義者たちのいう「資本家の独裁国家」になっているかというと、そうは言えないでしょう。「大資本家たちが政治家や官僚を動かして、自分たちに都合のいいように国家を運営する上で大きな力をもっている」ということは否定し得ないかも知れません。しかし、日本に大衆的な自由と民主主義がないわけではありません。自由と民主主義という点では、ソ連や中国よりも日本や米国その他のいわゆる「資本主義」の国々のほうが、ずっと充実していたと言っていいのです。

しかし、ソ連や東欧の「社会主義」が崩壊したからと言って、これまで一部の人たちが説いてきた「資本主義」の優位が明らかになったなどとはいえないのです。ソ連や東欧の「社会主義者独裁国家」が、いわゆる「資本主義」の自由主義と民主主義に負けただけなのです。「ソ連や東欧の社会主義は、自由主義と民主主義に負けた」ので、その革命的変化は「自由主義と民主主義を目指す市民革命＝ブルジョア革命」だというほかないのです。

今後の理想をどこに求めるか

そう考えるなら、私たちは、今後「社会主義より優位にあることが明らかになった資本主義」を維持していくことが大切なのではなくて、「近代市民革命」の理想とした自由主義と民主主義をなお一層充実させることを理想として生きていけばいいことになるではありませんか。

それなのに、「社会主義の崩壊は資本主義の勝利を意味する」

などと考えると，無理があります。社会主義というのは明らかに大きな理想主義的な思想であり，運動でした。そこで，社会主義体制の崩壊後，その理想を失ったと思った人々の一部は，「公害反対運動こそ最後の反体制運動」と考えたりしています。そして，「中世の封建社会こそ理想の社会」と考える人々さえ現れています。最近の神秘主義的な思想の普及もそういう問題意識と無関係ではないと思われます。

英国や米国のような先進国には，自由主義と民主主義を掲げてたたかった伝統があり，「自由主義と民主主義」は大きな理想でした。フランクリンやリンカーンの理想がいまなお残っています。ところが，日本で明治維新をなし遂げたころには，すでに社会主義思想が普及していたので，日本では「自由主義／民主主義」が大きな理想をもって語られることがあまりにも少なすぎたようです。そこで，とくに日本では，社会主義の崩壊後，より豊かな「自由主義／民主主義」の実現を理想として語りえないのでしょう。私には，「オウム真理教に走った若者たちも，一種の理想主義を求めて，かつての社会主義の理想に代わるものをせっかちに求めた結果，とんでもなく過激な行動に走ったのではないか」とも思えてなりません。

理想主義にしらける若者たち

私は「理想主義」という言葉を用いましたが，考えてみると，いまの若者たちは理想という言葉にしらけているようです。これまで「理想」を掲げてきた人々にしらじらしいものを感ずるからでしょう。しかし，いまの若者だって，本当は理想を求めているのだと思います。ただ，上の年配の人々が「理想」としたものがあまりにも怪しげなのに嫌気がさして，「〈理想〉という言葉そのものも嫌いになってしまったのだ」と思うのです。

だから，本当に自信をもって「理想」といえるようなものにめぐり会えれば，若者たちも理想的に生きたいと思っていることは間違いないと思うのです。
「いま私たちは，新しい理想を見いだすことが大切なのではないか」——私はそう思えてなりません。そこで私は，いまとくに，「ソ連・東欧などの〈社会主義社会〉に代わるべき社会は〈資本主義社会〉というようなものではなくて，〈自由主義と民主主義の市民社会〉なのだ，ということを改めて確認することが大切ではないか」と思うのです。そう考えれば，今後私たちはどんな社会に理想を託して生きていけばいいか，自ずから，明らかになってくると思うからです。

〔編注〕
原文では，以下に3編の「付記」が続いていたのですが，ここには，「付記 (3)〈イズム〉という言葉」の部分のみを掲載します。

付記

〈イズム〉という言葉

ところで，私たちは，「英語の -ism という語尾は，日本語の〈主義〉に当たる」ということを自明の如く考えがちです。しかし，「必ずしもそうではない」ということに注意する必要があるようです。

たとえば，英語にはGalvanismとかDaltonismなどという言葉があります。これは何と訳したらいいのでしょう。この -ism の前の Galvani〔1737～98〕とか Dalton〔1766～1844〕というのは科学者の名前です。これも Marxism を〈マルクス主義〉と訳すように，〈ガルバニー主義〉〈ドールトン主義〉と訳すと何がなん

だかわからなくなってしまいます。

　じつは，Galvanismというのは，〈持続する電流，またはそれが示す現象〉のことなのです。〈ガルヴァニーの発見した現象〉は，いまでは「電気＝electricityが持続的に流れるために示す現象だ」ということが分かっています。ところが，長い間そのことが確定しませんでした。そこで，〈持続的に流れる電流の起こす現象〉のことを〈ガルバニズムGalvanism〉と呼んで，それ以前から知られていた〈静電気＝electricity〉の示す現象と区別したのです。

　また，Daltonismというのは，〈色盲〉のことです。じつは，近代原子論の産みの親のドールトンは，〈自分の色感覚は他の人々の色感覚とは違うらしい〉ということに気づきました。そして本格的に研究した結果，〈color blindness色盲〉という概念そのものを明らかにしたのでした。そこで，〈ドールトンと同じ状態＝色盲，色覚異常〉または〈ドールトンの発見したもの＝色盲，色覚異常〉という意味で，〈Daltonism〉という言葉ができたというわけです。

　だから，GalvanismとかDaltonismという言葉は，〈ガルバニーの発見した現象・主張〉〈ドールトンの状態・発見〉などと訳すよりほかないのです。そこで，いま日本語で〈資本主義〉と訳されている言葉も，欧米人の感覚では日本人とかなりニュアンスが違って考えられているかも知れません。

　そこで，手元にある『コンサイス英和辞典』で「-ism」の項を引いてみると，
　　① 〈…の行為又は状態〉の意。例heroism,
　　② 「…主義，…説，…教，…宗，…制，…風。例socialism,
　　　　Marxism。
とあります。

M.ウェーバーの『プロテスタンティズムの倫理と資本主義の精神』(1904年)の場合のKapitalismusという言葉も,日本での「資本主義」という言葉の使い方とかなり違うかも知れません。いや,ウェーバーのいう〈資本主義の精神〉は,マルクスのいう〈資本家的精神〉のことだ,と考えたほうがいいのかも知れません。

[初出]
『たのしい授業』仮説社　1995年11月号　No.160

原題は「不思議な言葉〈資本主義〉のなぞ―社会のことば事典(3)」でしたが,今回の収録にあたって,編者の責任で変更しました。

浮動票の思想
予想変更と意見の変更について

予想を変更するのはずるいことか

　仮説実験授業では，授業の最初に問題を出して予想してもらいますが，その予想は「討論しているうちに変えたくなったら変えてもいい」ということになっています。

　ところが，はじめて仮説実験授業をうける子どもたちの大部分は，「途中で予想を変更するのはずるい」と考えています。そこで，予想を変更することに大きな抵抗があります。とくに小学校2〜3年生は，自分の予想を当てたい気持ちがとても激しいこともあって，なかなか複雑な行動を見せます。たとえば，授業中に「ぼく，イが正しいと思うんだけど，予想はアで変えない」などと大声で叫んだりするのです。「予想を変えて当たるのはずるいことだから，僕はそんなことはしないけれど，やはり自分の予想が外れたと思われるのがいやだ」というので，そんな不思議な発言をするわけです。

　しかしそんなクラスでも，誰かが思い切って，「ぼく，予想をイに変える」などと発言すると，そのあと何人もが雪崩のよう

につぎつぎと予想変更をしたりします。誰かが予想を変えてもあまり非難されないということがわかると，安心して予想変更する者が続出するわけです。

科学研究では，予想・意見変更をするのは当たり前

　科学研究では，予想・意見を変更することはずるいことでも何でもありません。自然科学では，討論の間にいろいろもっともそうな指摘が行われれば，予想・意見を変更するのが当たり前になっています。いや，そうでなければ困ります。みんなが，「どんな論理や実験結果が現れても，自分の最初の意見を変えない」などということになったら，科学の進歩は止まってしまいます。自分の予想に反する実験結果を知りすぐれた意見を聞いたら，すぐにそれを取り入れる人々がいたからこそ，科学は進歩することができたのです。

　科学研究というものは，新しい発見や議論によって人々の意見・予想が変化することを前提にして進歩してきたのです。だから仮説実験授業では予想変更を認め，奨励さえしているのです。私は，仮説実験授業をやってみんな予想変更できるようになることは素晴らしいことだ，と思っています。

　もっとも，「予想変更」といっても，討論をはじめる前，みんなの予想分布がわかったとたんに，「予想を変える」という子どもが現れることがあります。そんなとき，多くの先生方は，「ははあ，自分が少数派だというので自信をなくして予想を変えたな。自分で考えもせずにずるいやつだ」と思ったり，「誰かさんと予想を合わせたな。ずるいやつだ」と思ったりするようです。しかし私は，そんな場合だって，いつも「ずるい」とは言えないと思っています。「この問題は誰が考えたってイだな」と思って気軽に予想を立てたあと，自分の予想が少数派だと知

ると，慌てて考え直さざるを得なくなります。そして，「ああ，そうだった。思い違いをしていた」とわかることも少なくないのです。たとえば，食堂で気安く注文を決めたあと，あとから誰かが違うものを注文するのを見て，「ああそうか，あれもあったな」と思って急に注文を変える，などということを経験したことはありませんか。

　もちろん，自分ではあまり考えずに，「多数派にならないと不安だ」というだけで予想を変える子どもたちもいます。私はそれでもいいと思っています。大人だって，たいていの人は多数派に反しないように生きているのではないでしょうか。仮説実験授業の場合は，最初にいくら「多数派にならないと不安だ」と思っても，実験の結果「最初に自分の立てた予想のほうが正しかった」ということを一度でも経験すると，たいてい自立した予想を立てるようになるからです。だから私は「子どもたちがいつ予想を変更してもそれを認めてやってほしい」と考えています。それより厄介なのは予想変更をしぶることだと思っているからです。

世界観・人生観にふれることは意見変更がむずかしい

　「自然科学は科学者たちの予想変更，意見変更をもとにして進歩してきた」とはいうものの，地球説や地動説，原子分子論や進化論など「世界観に大きく係わる学説」の場合は，科学者でもなかなか意見が変えられないことが少なくありません。世界観や人生観は，科学上の問題以外の信仰その他の事柄とも関係するので，そう簡単には変えられないのです。そんな学説の場合は，死ぬまで意地になって自説を変えようとしない人々が少なくありません。そこで，はじめそれに強く反対した人々が死んで，若い世代の人々がそれを受け入れるようになって，やっ

と定説化するようになることも少なくないのです。

　たのしい授業や仮説実験授業のことを考えてみても，たいていの人ははじめて出会ったときにすぐに興味をもってくれます。ところが，興味をもつと同時にいろいろな疑問ももつようです。そして，説明されてもなかなか納得せずに，こだわりつづける人も少なくありません。「そういう授業をして，みんなができてしまったら成績はどうやってつけるのだ」とか，「他人のつくった授業書どおりに授業するなんて」などと，こだわるのです。そこで私は，「そういう人々にはどう説明したらいいのだろう」と考え，〈はじめ何かの問題にこだわっていたのにそのご仮説実験授業をやって軌道にのった人々〉に，「あのこだわりはどうなりましたか」と聞くことにしています。ところが，たいていは恥ずかしそうに，「ああ，あのこだわりはなくなりました」と答えられるだけです。「理屈ではどうしてもわからなかった問題，こだわらずにはいられなかった問題が，何かのきっかけで実際に授業をやったら，とたんに解決してしまった」というのです。

　世界観や人生観にふれる問題は，いくら理論で説明されてもなかなか承服できません。考慮すべき問題が入り乱れて，いろんなことが気になってしまうからです。

　ところが，実際に授業をやって，その成果が予想したものよりもはるかに大きいことを知ると，それまでこだわっていたさまざまな問題が一挙にまとめて解決されて，世界観や人生観の一部が大きく変わってしまうことがあります。「そういう授業をして，みんなができてしまったら成績はどうやってつけるのだ」などという疑問も，もともと本末転倒した疑問だったことがわかって，そんなことにこだわっていた自分が恥ずかしくなってしまいます。また，「授業書どおり授業したら自家製の教

案よりもはるかにいい授業ができた」のなら,「授業書どおり授業するのがいいかどうか」ということなんか問題にならなくなってしまうのです。それまでの人生観で「主体的に生きる格好」ばかりが気になっていたのが,嘘のように消えてしまうのです。

「やってみなければわからない」という説得の仕方

そこで,「仮説実験授業のよさは実際にやってみなければわからないから,ぜひ一度やってみて下さい」などという説得の仕方もあるのですが,こだわりのある人にとって,実際にやってみるなんていうことはなかなかできません。こだわりがあるのにそれに反した行動を起こすことは,自分を裏切るようなもので,大変なことです。こういうことを考えると,仮説実験授業のようなものを広めるのは大変なことだ,と思わざるをえないのです。それは,その人の人生観や世界観の変更をも迫ることが少なくないからです。

子どもたちだけではなく,たいていの人々が予想・意見の変更を恥ずべきことと思うのは,多少とも人生観,世界観に係わる問題に答えるときです。仮説実験授業の問題は,子どもたちのふだんのものの考え方,つまり自然観や世界観に係わることについて予想を立ててもらうことが多いので,「途中で自分の意見を変更するのは男(女)らしくない」と考える人が少なくないのです。そこで,予想を変更するときなども,「問題の意味を勘違いしていたから予想を変える」などと言って,「自分の意見は変わったわけではない」などと弁解・力説せずにはいられない人々が少なくありません。

どうも,多くの人々は,「人間というものは,ある年齢までに自分なりの世界観,人生観の自説を確立して生きるべきで,成

熟した人間は軽々しく自分の意見を変えるものではない」と考えているようです。子どもたちだって，自分を成熟した人間と思われたくて，予想・意見変更にこだわるのでしょう。大なり小なり人生観，世界観に係わる問題に関する予想を変更することは，大変なことなのです。だから逆に，「仮説実験授業は，人生観なり世界観に係わる自分の見方考え方を進歩させてくれる」というので歓迎されるようにもなるのでしょう。

しかし，今日の社会は「生涯学習」などという言葉が流行する時代です。生涯学習を続ける人間には，進歩があって当たり前です。進歩すれば意見が変わり，予想が変わって当然ということにならないでしょうか。それとも，「人間の意見というものは，生まれや育ちで決まるのが当たり前で，その意見を変えるのは，裏切りと見なされても当然」ということになるのでしょうか。

なぜ予想・意見の変更が裏切りとされてきたのか

ところで，社会科学の分野では，自然科学の場合と違って，予想を変えること・意見を変更することは，これまでしばしば「裏切り的な行為」と思われてきました。とくに戦前の日本ではそうでしたし，現在もそういうものの考え方がなくなっているとは言えないようです。

それは，これまでの社会科学では，「自然科学とは違って，社会科学上の真理は党派・階級によって違う」と考える人々が多かったことによります。ある人の属する党派・階級というのは，生まれや育ちによって決まるところが少なくありません。多くの人々は，「一生，この階級の人間として生きる」ということを宿命づけられたり，自分で選択して生きてきたのに，その党派・階級の利害に反する意見をもつようになれば，それは

「裏切り」ということになるわけです。

　しかし私はこれまで,「自然科学だって昔は党派的・階級的に真理が違うことがあったけれど,いまはそうではなくなっただけだ。〈社会の科学〉だって研究が発展すれば,党派・階級によらない真理を確立できる」と考えてきました。そして,そういう〈社会の科学〉についても自分で研究を進め,かなりの研究成果をあげてきたつもりです。

　「〈真理は階級性によって決まる〉という考えがいかに間違っているか」ということは,中国における文化大革命の失敗や,ソ連や東欧の社会主義の崩壊を見れば,明らかです。中国で文化大革命を押し進めた人々は,「文化大革命こそ労働者階級の正義を貫徹するものだ」と主張し,ソ連や東欧を「社会主義化」した人々は,「これこそ労働者階級のための政策だ」と主張してきました。そして,自分たちの意見に反する議論はすべて「階級的裏切り行為」として断罪してきたのです。ところがその後,その国々の労働者や農民自身が,「長年の実験の結果を見ても,それらの政策は自分たちの利益に反するものであった」ということを自覚するようになったのです。

　これを見ても,「これこそある階級・党派の人々の利益をはかる考え方だ」とされてきたものが,必ずしもその通りではなかったことがわかるというものです。いくら党派的・階級的な利益をはかろうとしても,社会に関する法則を明らかにしなければ,〈何が自分たちの党派・階級にとって利益のあることか〉をつきとめることはできないのです。

　自然に関することでも,社会に関することでも,真理は人間の思いや願いとは違います。真理は,いろいろな対立仮説を出し合い議論して,実験的に決めるほかないのです。

　それなのに,とくに戦前の日本には言論の自由がありません

でした。そこで，真理を実験できめるのを確かめる前に，マルクス主義をはじめとするある種の人々の意見は，政治的に激しい弾圧を受けました。そこで，必ずしも討論や実験の結果を知った結果ではなく，弾圧を恐れて自分の意見を変える人々がいたとしても，不思議ではありませんでした。そこで，戦前の日本ではとくに，意見を変更することは卑怯なこと，恥ずべきこととされてしまったのです。

敗戦後だって，戦前ほどではなくとも，思想信条によって差別されることが続きました。学校でも教頭や校長になるためには，それまでの思想信条を放棄することを余儀なくされることが少なくなかったようです。そこでやはり，自分の意見を変えることを恥ずべきこととする考え方が持続するようになったのです。

「意見変更は裏切り」の時代は終わった

しかし，幸いなことに，東欧・ソ連の社会主義の崩壊とともに世界の冷戦構造は終わり，「社会的な真理は党派的・階級的に決まる」という考え方も崩壊してしまいました。そして，「善と悪とは実験的に確かめてみるまでもなく明らかだ」という考え方は崩壊してしまいました。

とはいうものの，それは理論的にそう言えるだけで，いまなおそう考えない人々のほうが圧倒的に多いというのが現実です。しかし，そういう人々も早晩その意見を変えざるを得なくなると私は考えています。だから私は楽観しているのです。

そう言えば，テレビで時代劇をみても，そのほとんどが，はじめから善玉・悪玉が決まっていて，正義が勝つことになっています。そこでは，「正義を貫き通す勇気と知恵だけが必要なので，〈どちらが正義か〉ということは考えるまでもなく明らか

だ」ということになっています。いまから見れば,「武士の天下,徳川の天下」というものそれ自体が反民主的で,正義に反するのに,水戸黄門はいつも正義の立場にたち,悪をやっつけることになっています。水戸黄門や大岡越前守のテレビなどは「結末が決まっているから安心して見られる」というので,気晴らしをしたい視聴者たちの高視聴率を維持していますが,考え直してみるとおかしな話です。本当は,〈社会の科学〉教育は,そういう「正義と悪とは自明」という正義論を越えたところになければならないのです。「何が正義で何が悪かも実験的にのみ決まることが少なくない」と考えるべきだと思うのです。

善玉・悪玉が自明でない時代には,実験だけが決め手

たとえば,南北ベトナム統一(1976年)以後のカンボジア問題をみても,「ポル・ポト派は膨大な住民を虐殺した」というのに,いまなお元気です。それはそれなりに住民の支持を得ているからと考えざるを得ません。もしかすると,「膨大な住民を虐殺した」という判断自体が間違っているのかも知れませんが,おそらく「膨大な住民を虐殺してもなお得られる支持」のほうを重くみるべきなのでしょう。ポル・ポト派とそれを支持しているカンボジアの人々にはそれなりの正義があるわけです。そんな問題を抱えているところに外国の軍隊を導入しても,それで平和を維持するのは大変なことでしょう。

カンボジア問題にしても,ユーゴスラビアの問題にしても,どう考えたらいいのか,いまの私にはわかりません。しかし,「はじめから〈こちらが正しく,あちらは間違っているに決まっている〉とする考え方が間違っていることだけは確かだ」と思います。それでも,何かをしなければ平和を取り戻せないとすれば,「何かの仮説をもとに予想をたてて解決を進め,その予想

がはずれたと思ったらすぐに仮説を取り替えてやり直す」とい う仮説実験的なやり方で対応するよりほかないと思います。

　私個人はPKO法（国際連合平和維持活動Peace Keeping Operationに 協力する法律。1990年の湾岸戦争への協力の仕方をめぐって提起され， 1992年成立）に大きな危惧を抱いています。しかし，それ以上 に，「日本の世論が，〈PKO法はよいに決まっている〉という党 派と，〈PKO法は悪いに決まっている〉という党派とに凝り固 まって対立すること」のほうに危惧を抱いています。両方の党 派がそれぞれの予想を出しあって，そのごの推移をみた結果自 分たちの予想が多少なりとも間違っていることがわかったら， すぐにでも意見を変える柔軟さをもってほしいのです。体面上 それまでの自分の意見に固執するようなことをしてほしくない のです。

浮動票のすすめ──ずっと先駆者だった日本の文化人

　その点，私の考えは「浮動票のすすめ」ということができる かも知れません。「先の見えない問題については，いろいろな 仮説をたてて予想して，間違ったと思ったら進路を変更しなが ら進む生き方を身につけることが必要だ」というのです。 「浮動票のすすめ」などというと，これまで「自分の考えを確 立して，自分の生き方をしっかり固めなければいけない」と言 ってきた人々から，「そんなに定見がなくて，教育運動をリード できるか」と叱られてしまいそうです。また，今度の選挙で は，日本新党などが多くの浮動票を集めて大きく進出しそうな ので，「お前は日本新党の回し者か」と疑われてしまいそうで す。しかし，私は日本新党の政策を支持しているわけではあり ません。私の知る限り，日本新党には多少納得のできる政策が 見えても，基本的な政策がよくわかりません。だから，「誰かが

たとえ日本新党を支持しても、あとでそれが間違っていると思ったら、すぐに意見を変えて浮動票に戻るといい」とも指摘したいのです。

「それにしても、軟弱な」と言われるかも知れません。

そういえば、日本の文化人は、幕末には先駆的に「開国」を主張し、明治維新のころは「文明開化」を先導し、その後は「欧米先進文化の摂取」を進め、さらに「民本主義」を説き、日本が侵略戦争をはじめたときには「戦争反対」を訴え、敗戦後は民衆の先頭に立って「民主化運動」を推進し、「平和憲法を守れ」と説いてきました。長い間、日本の文化人は人々に進むべき方向を示してきたのです。

そういう文化人の役割のことを考えると、私の言う「浮動票のすすめ」というのは、何と情け無いことでしょう。

しかし、私は「昔と今とは時代が違う」と言いたいのです。「何でも進歩的文化人が先導できる時代は終わったのだ」と言いたいのです。明治維新のころから、敗戦後間もないころまでの日本は後進国でした。だから、先進国の様子を知れば、日本の進むべき道がはっきり見えました。文化人と言われる人々は、一般の人々よりもずっと海外事情に通じていたので、先進諸国の様子をずっとよく知っていました。だから、多くの人々よりも日本が進むべき方向を示すことができたのです。

しかし、日本が先進諸国に追いつき追越しはじめたころから、先が見えなくなりました。文化人だからと言って、先進諸国の状況を知っているからと言って、先導できるような時代は過ぎ去ってしまったのです。それなのに、いまなお進歩的文化人とされる人々が、何でもわかっているかのように民衆に教えさとそうとするのは間違っていると思うのです。

外国事情に通じているからと言って特別に未来が見える時代

でなくなったら、みんなで手探りして進むよりほかありません。「世界の冷戦構造が終わったら、すぐに世界＝地球国家の平和な時代になるのか、それとも新しい混乱の時代がはじまるのか」確かなことは誰にもわからないと言って間違いないでしょう。もしも世界がすぐに一つの統一国家になれるなら、どこかで平和が損なわれた場合、国際機動隊を動員する平和維持作戦＝PKO活動も先駆的な仕事として評価できるでしょう。しかし、ソ連やユーゴスラビアのように、軍事的に統一国家の形成を急ぐことが、かえって分裂の原因になる恐れもないわけではありません。世界を一つの統一国家にすることは、将来の理想であっても、急ぎすぎてはいけないことは明らかです。

「未来をどう予想するか」によって、「未来のために何をしたらいいか」ということも変わってきます。未来の予想がはずれたら、新しく予想を立てかえて、より確かな意見＝仮説をもつようにしなければなりません。今のところ誰にも確かなことが言えないとすれば、それこそ手探りで恐る恐る進むよりほかないのです。私が「これからは仮説実験の時代だ」というのは、そういうことなのです。

これまでの「戦争と平和の教育」の間違い

ところで、戦争と平和といえば、私はこの際、「これまでの戦争と平和の教育には、かなり意図的に事実をねじ曲げてきた面がある」ということを指摘しておきたいと思います。

敗戦間もないころ、東久邇稔彦内閣が「この前の戦争の責任はほとんどすべての日本人にもあるから、一億総国民が懺悔をしなければならない」という趣旨で、「一億総懺悔」という言葉を流行らせたことがあります。ところが、それから間もなく、それに強く反対する人々が、「あの戦争は一部の軍部と政財界

が推進したので，一般国民はいやいや戦争に巻き込まれただけだ。一般国民には戦争責任がない」と主張し，戦争責任を一部の人々に押しつける考えが教育界をおおうようになりました。そこで，戦争当時のことを知らない若い人々は，本当に「一般の国民はいやいや戦争に引きずりこまれただけだ」と思うようになっているようです。

　しかし，よほど政治的な考えをとらない限り，「一握りの人々が国民を戦争に追い立てただけで，一般の国民には戦争の責任がない」という考えが間違っていることは，少し調べてみればすぐにわかることです。最近私は，石井研堂（1865〜1943）という，明治中期に『小国民』という少年雑誌の編集者だった人の伝記を調べているのですが，そこでも関連した事件が起きています。じつはその雑誌は日清戦争直後の明治28年9月に政府から発禁処分にされているのです。石井研堂という人は科学読物が好きで，その『小国民』にたくさんの科学読物を載せて成功したのですが，少年雑誌がどうして政府から発行停止処分を受けたのでしょうか。裸体画を理科や美術の教材用に載せて発禁になったわけではありません。戦争反対を叫んで発禁になったのでもありません。じつは，その『小国民』の明治28年9月15日号に，彼はこんな文章を書いたからなのです。

　　「ああ，諸子の父上，兄上または伯父上が平壌城の合撃に肝胆を砕いて死力をつくしたるは，昨年の今月今日にあらざるや。……而して，終末における光景如何（いかん）。魯国（ろこく）〔帝政ロシア〕のかの遼東半島譲与に反対するは，自国の東洋侵略に不利なるがためのみ。利己以外一理なきなり。我が政府のこれに対する政策は，あるが如くなきが如く，ひとたび膝を屈して笑いを世界に求め，諸子の父兄の新墓の土いまだ

乾かざるに、みすみす占領地を還付せざるべからざるに至れり。ああ、天下広しといえども、わが国民と軍人ほど憐れなるものは、それいくばくかある。……志士は演説を禁止されて、内閣の責任を正すあたわず。新聞紙は停止されて、外交の操縦を論議するあたわず。

然(しか)れども、少年諸子、覚悟せよ。わが国民の敵は内国に在らずして海外にあり。……他年もし魯国、暴を我に再びせば、搏撃(はくげき)一番、浦港(ウラジオストック)を奪い、黒竜河をさかのぼり、長駆ただちにペトルスボルクを覆(くつがえ)し、ベルリン、パリを蹂躙(じゅうりん)し、大日本国民の実力を示さんのみ。……平壌大勝の一周年に際し、敢えて諸子に激す」

はげしい文章でしょう。この筆者は特別な軍国主義者であったわけでもないのに、少年雑誌にこんな激しい文章を書いたのです。そこで、「治安妨害」ということで発禁処分にされたというわけです。当時の日本政府は、いまの日本政府と同じように(?)自信がなくて、国際世論の言うままに戦争の成果の一部を放棄したというので、国民の憤激をかっていました。そして、強硬派の集会を禁止したり、新聞の発行を取り押さえたりしていたのですが、少年雑誌もその例外ではなかったのです。

当時の学校の授業は楽しくなくとも、少年雑誌は多くの子どもたちから歓迎されて、少年雑誌の記者は人気者でした。特別な軍国主義者でなくとも、明治以後の日本の国民がこういう好戦的な気風をもっていたことは否定できないのです。

誰か調べて下さるといいと思うのですが、学校の卒業生名簿などで、ある年に生まれた男の子どもたちの名前に、「勝/勇/武/功/勲/忠/臣/国」といった軍国主義を連想させるような名前が増えていくと思います（じつは、3月に開かれた尼崎の入門

講座でそのことを話したら，大阪の横山稔さんがさっそく自分の学校の卒業生名簿を調べて，軍国主義傾向があると思われる名前がある時期に増えて，敗戦後減っていることを確かめてくれました）。

　国民がしぶしぶ戦争に駆り立てられたのなら，自分の子どもの名前ぐらい平和な名前にするはずです。政府が「こんな名前をつけろ」と指示しないのに，少なからぬ国民は政府の侵略政策を支持したり，生ぬるく思ったりしていたのです。そういうことを無視して，軍部や政財界だけが国民を戦争に追い込んだと考えたら，歴史の教訓を学びとれなくなります。

　一部の人たちだけが好戦的になって戦争の道を歩むことが問題なのではないのです。ふつうの国民が判断を誤って，正義のため平和のために戦争の道を選ぶことが恐ろしいのです。PKO法は議会の運営に問題があるとは言っても，少数の議員が押し通したというわけにはいきません。多くの国民の支持を得た議員たちが支持して通過したのです。もしかすると，冷戦以後の国際政治のもとでは，PKO法支持の判断をした人々の考えのほうが正しかったのかも知れないのです。しかし，それはとんでもない間違いかも知れないのです。「悪者は少しで，善玉は多数だ」という時代劇的な発想を越えて，仮説実験的に考え，多くの人々が時として自分の意見を変えることができるようになっていてほしいと思うのです。

先の見えなくなった時代＝創造の時代の先導役は科学

　それなら，これからの時代は，文化人の出番はないのでしょうか。一般の人々よりもより多くのことを学んできた人々が先導できる仕事はないのでしょうか。私は「ある」と思っています。まず，党派的でなくすべての人々に納得できるような知識を確立して普及する必要があります。私は，そういう科学だけ

がこれからの世界に役立つと思うのです。近代科学がとっくの昔に完全に否定したはずの超能力だの霊能者だのが人々に大きな影響を与えているようでは、偏見のない〈社会の科学〉を建設することなんかできないではありませんか。

私が科学教育の研究を本格的にはじめたころ、私には「米国やヨーロツパ諸国の科学教育のほうがすぐれている」とはとうてい思えませんでした。「ソ連や東独などの社会主義諸国の科学教育を見習うべきだ」という人々もいましたが、私にはそうも思えませんでした。だから私は、自分で世界の科学教育を変革するための研究を本格的にはじめて、仮説実験授業を提唱するまでになったのです。仮説実験授業のようなものは欧米にも社会主義諸国にもないので、外国の様子をみて後追いすることができません。だから、その研究は文字通り仮説実験的に進めるほかありません。「何が正しく何が間違っているか」ということは、研究を進めて実験してみるほかないのです。

仮説実験の時代を開くためには、仮説実験的な思考方法を身につけることが大切です。そのことだけは私にも確かに見えます。未来を開くためには、科学的＝仮説実験的な方法しかないことだけは確かだと思うのです。

さいわい、科学の歴史は、自然科学に関する限りはずいぶん沢山の確実な知識を私たちに残してくれました。そこで私たちは、それらの財産をもとにして未来を切り開くことができるのです。社会の科学はまだまだ混乱していますが、自然科学のやり方を元にして研究をしていけば、これまでになかったような確かな社会の科学の成果が得られることも確かだと思います。確かな未来が見えなくとも、未来を開拓する方法には確かな財産があることを忘れてはならないと思うのです。

[初出]
『たのしい授業』仮説社　1993年5月号　No.128
(『近現代史の考え方』板倉聖宣　仮説社　1996年所収)

なお,以下の「良いと思ったら考えをどんどん変える」は,上掲書に収録されている「正義より真理の教育を」(講演記録)の一節を抜粋したものです。発表時期はその講演記録のほうが早いのですが,少なくともこの部分だけは併せて読んでいただきたいと思い,ここに収録することにしました。(編者)

良いと思ったら考えをどんどん変える

　　正義を主張する人が怖いのは,「考え方が変わっちゃいかん」と言うんですよ。おっかないおじさんやおばさんがいて,「予想の変更は許さない」と言ったりする。
　　だけどね,科学っていうのは年がら年中意見が変わるような存在です。いいと思ったらどんどん変わる。これがあるから近代的な科学は生まれたんですね。意見が変わることは決して間違っていない。いや,意見が変わるような社会じゃなかったら,世界は発展していかないね。みんな生まれ育ったままで,あるときに考えた意見のままじゃ困るんです。
　　世の中では「浮動票」って,なんとなく定見がない,いいかげんな人だと思われていて,主義主張が決まっていていつも同じ主張をくりかえしている人の方がホネがありそうに思えたりします。しかし,仮説実験授業という考え方では,「〈一つのものに決まっている〉というのはホネがあると考えない」という特色があります。いい考えが現れたら,すぐにその考えを取り入れて自分の意見を変える。そういう,いわば〈ズル賢い生き

方〉を推薦しているともいえます。「実験の結果,自分の予想・仮説が間違いだとわかったら,その考えをいくらでも変えるべきだ」という考え方です。

　選挙なんかみると,大勢は浮動票で決まっちゃうのね。固定票ははじめから決まっているからおもしろくもない。浮動票があるから世の中が発展するんで,そういうことは世間を見ればわかることなんだけど,なんとなく定見がないと馬鹿にされるでしょ。だから,「自分が信じた道をまっしぐらに」という人がいるけど,まっしぐらに行くためにはどうしたらよいかというと,勉強しない方がいい。正義を主張するとだんだん勉強しなくなります。勉強すると意見を変えたくなるでしょ。志操堅固じゃなくなっちゃう。

［初出］
『たのしい授業』仮説社　1991年3月号　No.100

発想法かるた ❸
予想変えるも主体性

予想変更は裏切りではない

　人間というものは，メンツがあってなかなか一度公表した自分の意見・予想を変えられないものです。他人の前で予想変更を公言するのはとても勇気がいります。それは，他人から「予想を変えるのはずるい」とか，「主体性のないやつだ」といわれるのがいやで，自分でも何となくそう思っているからです。政治的な転向・裏切りと真理認識の問題とがごちゃまぜになっているのです。しかし予想を変えるのは自分自身なのですから，「予想を変えるのも主体性のうちなのだ」と確信を持てるようになると，予想変更へのこだわりがうんと減るようになり，自分の進歩に飛躍をもたらせてくれます。

［初出］
板倉聖宣『発想法かるた』仮説社　1992年（縦書き）

第3部 自分の頭で考えられる人間を

　日本は太平洋戦争において敵味方を問わず数百万人におよぶ戦死者を出しました。勝てるあてのない無謀な戦争に向かわせた大きなうねりを作ったのは，日本の正義と勝利を信じた大衆だったのです。どうしたらそういう悲惨な事態は避けられるのでしょう？

　第3部では，まず，「戦争中に合理的な精神で考え行動することのできた人々」の生き方を紹介します。そして，自分の頭で考え，正しい判断ができるよう，「正しい科学を伝えることを目指した仮説実験授業」の提唱と，それがもたらす未来についての文を集めました。（編者）

(第3部の内容)

● **軍人たちの戦争と平和**

「日本を戦争に向かわせたのは,軍部や政治家の責任」という考えは,よく耳にします。けれども,日本の陸軍・海軍大臣たちはみな同じようにA級戦犯となったわけではないのです。陸軍と海軍の考え方は大きく違い,戦争の拡大を必死で止めようとしていた人たちもいたのです。大部分の人が正義感でつき動かされる時代でありながら,「合理的な精神」で自らの考えを守った人たちの姿は,どんな時代でも感動的です。

● **戦争は正義の衝突**

1990年8月2日,イラクがクウェートに侵攻し併合したことに対し,アメリカを中心とする多国籍軍が組織され,「湾岸戦争」と呼ばれる戦争が起こりました。多国籍軍の圧倒的な武力の前に,1カ月ほどの戦闘ののち,クウェートは〈解放〉されました。マスコミの多くは,それを「イラクの暴挙に対して,国連決議をもとに国際社会が示した正義」というとらえ方をしていました。

この文は,戦争終結後半年ほどの時点で行われた講演をもとにしたもので,原題は「〈正義の味方〉が

〈戦争の味方〉?—中東戦争から学ぶこと」『たのしい授業』(仮説社　1991年9月号　No.107)です。板倉聖宣『近現代史の考え方』(仮説社　1996年)に収録の際,「戦争は正義の衝突——中東戦争から学ぶ〈ケンカ両正義〉の原則」と改題。

　著者は,子どものケンカから戦争まで「正義のぶつかりあいが原因で起こる」ということを指摘します。そして,ケンカの指導を例にとり,「両方の正義を認める」解決の仕方を述べるのです。人間と社会の法則を読みとき,新たな見方を示す著者の特徴がよく表れた文です。

●デマ宣伝を見破るには

　もともとは『学生通信』(三省堂　1964年4月〜9月号)に「きみ自身の科学」というテーマで連載されたものです。高校生に向けた平易な文の中に,自らの戦争体験や,科学史の研究から学んだ考えを分かりやすく展開しています。

　全文は『科学と方法』(季節社　1969年)に「科学的な考え方とは何か」という題で収録されていますが,その中盤にあたる部分がここに紹介する文です。

● **科学とヒューマニズム**

　科学とそれを伝える授業の意義を伝えて，多くの人に感動を与えた講演です。科学は本来民衆のもので，民主的な社会に生まれ，民主的な社会を守り育てるもの。そういう科学を伝えていく仮説実験授業の子どもたちへの影響を考えながら，人々の期待を裏切らないような誠実な生き方をめざす著者の姿勢が感動的です。

　ちなみに私は，「明るい未来を語れないくせに，若者の悪口ばかりを言う大人」に対して強い憤りを感じていた一人です。この講演は「初めて明るい未来を示してくれた大人」に出会えた感激を与えてくれたものでした。

● **未来を切り開く力**

　経験が役に立った伝統社会から，経験したことのないようなことやものがどんどん出てくる現代社会への変化。そういう変化の時代を生きるたのしみや希望は，どこにあるのでしょう。新たな時代を開いていく子どもたちへのメッセージです。

●〈心の持ちよう〉と現実

「生き方のうまい人・下手な人」などと言われたりしますが，何がその２つを分けるのでしょう。

　著者は，「非常に多くの問題が〈心の持ち方〉を変えることで解決できる」ことを指摘し，現実（自分の生き方）に役立つ〈哲学〉を語ります。〈どっちへ転んでもしめた〉〈親切とおせっかいは紙一重〉などの言葉をもとに，自分たちの善意を大切にしながら，その善意の結果を実験的に確かめながら進む生き方を示します。

　ここに紹介するのは板倉聖宣『新哲学入門』（仮説社，1992年）の第20章です。この本は雑誌『たのしい授業』に連載された文をまとめたものですが，「科学と哲学」の違いや，「真理がいかにして確立されるか」という問題への答えを与え，〈哲学〉のイメージを「人生に役立つもの」へと変えてくれます。

（編者）

軍人たちの戦争と平和
「歴史から学ぶ」とはどういうことか

　毎年，8月15日と12月8日が近くなると，戦争の悲惨な結果や，日本の戦争責任のことが大きな話題になります。

　それは，日本が1941（昭和16）年12月8日に，アメリカその他の国ぐにに宣戦を布告したからです。その戦争で日本軍は，はじめは「向かうところ敵なし」というほどの大きな勝利をあげました。ところが一年もたたないうちに敗色が濃くなりました。そして最後には，東京・大阪などの本土も爆撃されるようになり，沖縄も占領された結果，連合国軍に〈無条件降伏〉を申し出て，戦争を終結させることになりました。その終戦の日が1945（昭和20）年8月15日だったのです。

　日本は1941年12月8日から1945年8月15日までの3年半にわたってアメリカその他のほとんど世界中の国ぐにと戦争をしたのです。その結果，敵味方に数百万人にもおよぶたくさんの死傷者を出すことになりました。弾丸にあたって死傷した人々のほか，食べるものがなくて餓死した人々も膨大な数にのぼりました。

　そこで敗戦後，人々は「日本はどうしてそんな無謀な戦争を

はじめたのか」ということを反省するようになりました。

　あの戦争をはじめる前の日本とアメリカとでは，経済力，国力がまったく違いました。今日の日本は，〈一人当たりのGNP〉でくらべると，アメリカとあまり変わりがない水準にまで達しています。しかし，その戦争をはじめる前の日本の〈一人当たりのGNP〉は，アメリカの十分の一にも達していなかったに違いありません。それに，広いアメリカと狭い日本とでは，資源がまるで違います。そこで，「そんなアメリカと戦争をしても，日本が負けるに決まっている」ともいえたのです。

　ところが，日本がその戦争で負けたあと，その戦争の被害を受けた国の人々から，その戦争に対する日本の責任を追及されるようになると，「あの戦争は，日本がアメリカにおいつめられて仕方なくはじめたので，日本には戦争責任はない」という人々が現れるようになりました。

　2005年8月15日の『毎日新聞』の一面トップ記事によると，毎日新聞社が13〜14日に実施した全国世論調査（電話）で，日本が米国や中国などと戦った戦争について尋ねたところ，〈間違った戦争だった〉と答えた人は43％で，〈やむを得ない戦争だった〉という人が29％もいたということでした。26％は〈分からない〉です。世代別に見ると，「戦争を体験した70代以上」では何と〈やむを得ない〉が45％で，〈間違った戦争〉の37％を上回り，60代でも〈やむを得ない〉が36％と，全世代平均と比べて高かったとのことでした。

　私は，その調査の結果を知って驚きあわてました。あんな大きな失敗をしても，その歴史から学ぶことをしないで，それを〈やむを得なかった〉という人は，同じ失敗を犯す心配があるからです。しかも，戦争を知らない人々よりも，戦争を体験をした人々のほうがそう思っている。これは驚くべきことというよ

り，恐ろしいことだと思いました。

　その世代の人々は，当時の学校や新聞ラジオで教え込まれたことをそのまま信じているのに違いありません。それらのことは，60年前に政府によっても否定されたことです。それなのに，多くの人々の頭の中は，それ以前の感情・考え方が残っていて，今，その感情・考え方が日本の社会のいろいろの分野に現れているようです。では，いったい，「歴史から学ぶ」とは，どういうことなのでしょうか。

科学史の失敗から学ぶ——天動説から地動説へ

　私はもともと科学の歴史を研究してきた人間です。私にとって科学史とは，何よりも〈科学研究の成功と失敗の歴史〉から学ぶためのものです。

　私が最初にもっとも詳しく研究したのは，天動説から地動説への転換の歴史でした。〈天動説〉というのは，「地球が宇宙の中心にあって，太陽その他の天体はその地球の回りを動いている」という考えです。実際，私たちは毎日，そういうことを「事実として」知っています。私たち地球に住んでいる人間から見ると，太陽その他の天体は，「地球の回りを回転して動いている」ように見えます。だから，一般の人々だけでなく，〈天文学者〉と言えるような人々までが，天動説にとらわれていたのは仕方がないといえます。

　しかし，コペルニクスやガリレオが地動説を提唱して以後は，事情が違います。地動説が提唱された後も天動説の正しさを主張しつづけた天文学者たちはその非を認めて，明らかに反省しなければなりません。ところが私は，大学2～3年生のとき，天文学者の中にも「あの時代には，地動説が正しいとは言い切れなかった」と抗弁する人が少なからずいるのを知って驚

きました。そこで私は〈地動説と天動説の歴史〉を本格的に研究することになったのです。

では、ガリレオの時代にはどうして「地動説のほうが正しい」と言い切れたのでしょうか。

こういうと、「地動説だって天動説だって、座標がちがうだけで座標変換すれば同じことだ」という人がいます。本当にそうでしょうか。当時の〈天動説と地動説の図〉を並べてみましょう。天動説では、〈天体はみな地球の回りをまわっている〉というのですから、〈地球から金星までの距離〉は基本的にいつも同じです。ところが地動説では、〈地球から金星までの距離〉は、極端に変化することになります。

次の2つの図を見比べてごらんなさい。

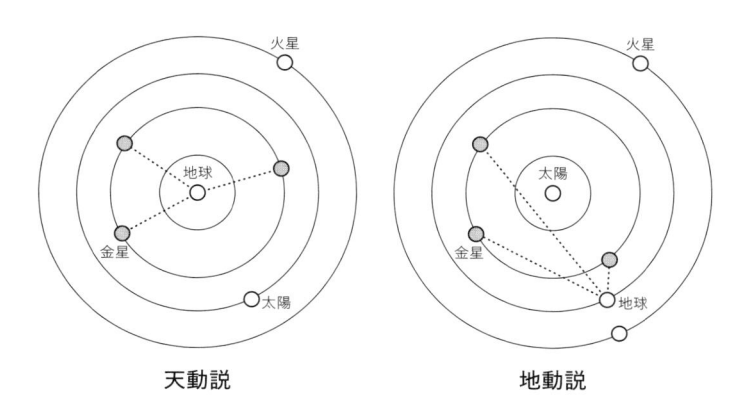

天動説　　　　　　　**地動説**

一般論的にいえば、運動は相対的です。だから、「どちらが動いているか」ということは、「どちらの座標を基準にするか」というだけのことで、どちらでもいいということになります。しかし、実際の科学史上での天動説と地動説の場合は、地球と太陽だけの関係だけではなく、金星や火星などの惑星の運動も関

係してくるので、運動の相対性だけで話が済まないのです。

　それでは、〈地球から金星までの距離〉は、いつも一定なのでしょうか。それとも、大きく変化するのでしょうか。ふつう地球から天体までの距離は、容易には分かりません。しかし、金星や火星などの惑星の場合は、大昔から、その明るさが顕著に変わることが知られていました。それは、金星が太陽に照らされる方向の変化にも関係しますが、〈地球からの距離〉が大きく変化することによるものです。

　ガリレオが望遠鏡を手にして、月に凹凸があることを発見し、太陽に〈黒点〉があることを発見したことは有名な話ですが、彼は望遠鏡で金星も観察しました。そして、金星が月のように満ち欠けして見えるばかりでなく、その大きさが40倍にも変化して見えることを確かめました。金星までの距離が大きく変化するためです。同じことは、火星その他の惑星についてもいえました。

　こうなれば、地動説のほうが正しいと断言できるではありませんか。

　ところが、天動説を支持する天文学者たちは、「惑星がどの方向に見えるか」ということについてばかり研究していて、惑星までの距離のことなど、まったく考えにいれてなかったのです。

　自然科学上の事柄でも、対立する二つの考えをボヤッと聞いているだけでは、両者の言い分のどちらも正しく思えてしまうことがあります。しかし、一つの事柄についての対立点を明確にして考えを進めれば、「どちらが正しいか」を判断することができるようになるのです。

侵略主義的だった敗戦前の日本人

　戦争の問題となると、どちらが正しいか判断するのは、もっ

と困難かも知れません。

　最近はじめて知ったのですが，私の出身小学校の校長だったこともある牧口常三郎の『地理教授の方法及内容の研究』(1916年)を読んでいて驚きました。その本は〈なかなか創造的な教育研究書だ〉と思うので詳しく読みはじめたのです。ところが，その本の最後の部分に「帝国の権力範囲内の地理教授」という章が設けられていました。そしてそこには，満州やロシア領アジアなどを「吾々大和民族の準自国領土として発展し得る土地」と書き，「吾々国民は此の明治時代に於ける歴史を地理的に観察して，現代の国民の心血を濺いで後世に残したその恩沢を忘れずに，これを維持するとともに，大陸に向かって発展するの精神を養わなければならぬ」と書いてあったのです。第一次世界大戦の最中に出版された本です。

　この著者は，その後(1930年ころ)創価教育学会を提唱して今の創価学会の初代会長になった人で，特別な侵略主義者というわけではありません。私は，彼が創価学会を提唱したころもその意見を保持していたのかどうか知りません。じつは，彼は1943年には「治安維持法違反，不敬罪」で逮捕され，1944年に獄中死したのです。ですからこの人も〈侵略戦争の犠牲者〉となったといえるのです。「大東亜戦争」までの時代には，そんな教育者まで，上のような侵略的な考えを堂々と述べていたのです。「大東亜戦争」はいわば，そういう日本の侵略的な行動が，米国などによる「石油の全面的輸出禁止」といった経済制裁政策によって強力に妨害され，その結果，「やむを得ず戦争を始めることになった」というわけなのです。そのころの日本人は，〈欧米諸国の侵略主義を真似ているだけ〉という意識をもっていたので，「それを妨害する欧米諸国の行動はまったく理不尽ではないか」という意識があったのです。

しかし，そんな時代にも，すべての日本人が侵略戦争を是認していたわけではありません。米国が日本のアジア侵略に強硬に反対するのを見て，「米国との戦争の道を歩んではいけない」と主張していた人々もいたのです。〈そういうもう一つの選択肢を示していた人々がいる〉ことを知っていれば，「あの戦争はやむを得ない戦争で，ほかに途がなかったのだ」と安易に考えずに済んだのではないでしょうか。

　じつは，前に引用した『毎日新聞』の〈世論調査〉では，〈戦争責任に関する戦後の議論〉についても調査していたのですが，〈不十分だった〉との回答が75％に上り，〈十分だった〉の14％を「大きく上回った」とのことでした。多くの人々は「〈戦争責任に関する戦後の議論〉が不十分だった」と思いながらも，「あの戦争はやむを得ない戦争だった」などと考えていたのでしょう。

〈A級戦犯〉と対極にあった人びと

　敗戦の結果をもとに，あの戦争を〈無謀な戦争〉と見るか〈仕方のなかった戦争〉と見るかは，「結果論に過ぎない」ともいえます。

　しかし，〈結果論〉ではなく，日本があの戦争をはじめる前の日本政府の中にも，「アメリカと戦争をはじめるなんてとんでもない。負けて悲惨な結果になるに決まっている。そんな無謀な戦争などはじめてはいけない」などと強力に反対をした人々もいたのです。

　そのことを探るために，今度はいわゆる「東京国際裁判」の〈A級戦争犯罪人〉のことを考えてみることにしましょう。

　日本が無条件降伏をしたあと，日本に上陸した連合国軍は，日本の軍隊の武装を解除させてから，東京に〈国際軍事法廷〉

を設けて，その〈戦争犯罪人〉を裁きました。

そのとき，どんな人々が〈A級戦争犯罪人〉として裁かれたのでしょうか。

> ★
> 〈エイキュウ戦犯〉の〈エイキュウ〉というのは，〈永久〉ではなく〈A級，B級，C級〉のA級です。
> 〈B級の戦争犯罪〉というのは「通例の戦争犯罪」です。1899年と1907年にオランダのハーグで開かれた国際平和会議で「戦時国際法」の条約が締結されていたのですが，その条約で禁止された〈捕虜虐待〉などの戦争犯罪を「通例の戦争犯罪」というのです。それに対して，〈A級の戦争犯罪〉というのは「平和に対する罪」で，第二次世界大戦のとき初めて問題になった〈戦争犯罪〉です。また〈C級の戦争犯罪〉というのは「人道に対する罪」で，「ナチスがユダヤ人を絶滅させようとした犯罪」に対処したものでした。

〈A級の戦争犯罪〉は「平和に対する罪」です。だから，まず「戦争をはじめたときの大臣＝閣僚たちの責任」が問題になるでしょう。

そこで，次の〔問題〕を考えてください。

問題1　開戦時(1941年)の閣僚たち全員はA級戦犯か

日本が宣戦を布告したときの内閣は，陸軍大将東条英機を総理大臣とした内閣で，首相を含め11人の閣僚（大臣）がいました。それなら，それらの閣僚たちは，敗戦後その全員が〈A級戦争犯罪人〉として，その責任を問われたと思いますか。

予想

ア　閣僚たちは全員が〈A級戦争犯罪人〉として訴えられ，死

刑にされた。
イ 閣僚たちは全員〈A級戦争犯罪人〉として訴えられたが、死刑にされたのは、一部の閣僚だけだった。
ウ 一部の閣僚だけが〈A級戦争犯罪人〉とされ、その他の人々は起訴もされなかった。
エ その他の予想。

 どうしてそう思いますか。みんなの意見を出しあってから、次に進んでください。

宣戦を布告したときの閣僚たちの戦争責任

 日本が宣戦布告したときの閣僚たちは、敗戦後まもなく、全員が〈A級の戦争犯罪容疑者〉として逮捕されました。しかし、〈その全員が起訴される〉ということはありませんでした。

 日本が宣戦布告したときの11人の閣僚のうち、じっさいに〈A級戦争犯罪人〉として起訴され、有罪とされたのは、

　内閣総理大臣・兼内務大臣・兼陸軍大臣だった東条英機（陸軍大将）――死刑（絞首刑）。
　大蔵大臣だった賀屋興宣（かやおきのり）――終身禁固刑。58年赦免（しゃめん）。
　海軍大臣だった嶋田繁太郎（海軍大将）――終身禁固刑。58年赦免。
　国務大臣（企画院総裁）だった鈴木貞一（ていいち）（陸軍中将）――終身禁固刑。58年赦免。
　外務大臣だった東郷茂徳（しげのり）――禁固20年。50年獄中死。

の5人だけでした。そのうち死刑（絞首刑）にされたのは、総理大臣だった東条英機だけで、その他の4人は〈終身禁固刑〉か〈禁固20年〉の刑を言い渡されたのです。

 もっとも、文部大臣の橋田邦彦（くにひこ）（医学博士）と厚生大臣の小泉

親彦(陸軍軍医中将)の2人は、〈戦争犯罪容疑者〉として逮捕されることを知った時点で自殺していましたから、起訴されませんでした。

　その他4人の大臣
　　農林大臣だった井野碩哉——46年8月不起訴,釈放。
　　法務大臣だった岩村通世——48年12月不起訴,釈放。
　　商工大臣だった岸信介——48年12月不起訴,釈放。
　　逓信大臣・鉄道大臣だった寺島健(海軍中将)——48年12月不起訴,釈放。
は、起訴されることがなく、釈放されました。

　また、終身禁固刑を受けた3人は、55年に仮出所を認められ、58年4月には正式に赦免されました(禁固20年の刑を宣告された東郷茂徳は、禁固中の50年に病死)。

　この戦争で三百万もの人々を犠牲にしたことを思うと、この裁判の結果はすごく寛大だったともいえるでしょう。

　ところで、11人の経歴を見ると特長的なことがあります。そのうち5人は、陸軍大学校か海軍大学校を卒業して陸海軍の将官になった人々です。そして、その他6人は、すべて東京帝国大学を卒業して官庁に勤める官僚となり、政治家になった人々だったのです。

問題2　戦争中の軍部大臣はA級戦犯とされたか

　東京国際裁判で「平和に対する罪」を問われたのは、1941年12月8日以後のいわゆる太平洋戦争を引き起こした人々だけではありませんでした。

　当時の日本政府は、1937年7月の〈支那事変〉以後を「大東亜戦争」と名付けましたが、連合国側は、1931年9月に始まる

〈満州事変〉以後の〈中国侵略〉から，1945年8月の日本の〈無条件降伏〉までの戦争責任を問題にしていたのです。

その間に，南 次郎・荒木貞夫・林 銑十郎・川島義之・寺内寿一・中村孝太郎・杉山元・板垣征四郎・畑俊六・東条英機・阿南惟幾という11人の陸軍大・中将が陸軍大臣になりました。また同じ期間に，安保清種・大角岑生・岡田啓介・永野修身・米内光政・吉田善吾・及川古志郎・嶋田繁太郎・野村直邦という9人の海軍大・中将が海軍大臣となりました。

それなら，それらの陸軍大臣や海軍大臣は，その全員が「平和に対する罪」を認められて〈A級戦犯〉として起訴されたでしょうか。一部の人々のみが起訴されたのでしょうか。

予想

ア 陸軍・海軍とも，そのほとんど全員が〈A級戦犯〉として起訴された。
イ 陸軍・海軍とも，一部の人々が起訴されただけだった。
ウ 陸軍大臣はほとんど全員が起訴されたが，海軍大臣は一部の人が起訴されただけだった。
エ その他の予想。

どうしてそう思いますか。
みんなの予想を出し合ってから，次に進んでください。

陸軍と海軍とで〈A級戦犯〉とされた人数が大きく違った

上に挙げた11人の陸軍大臣のうち，林・川島・寺内の3人は，東京裁判が始まる前に病死していました。そして，阿南は終戦の日（8月15日）に，杉山は9月12日に，戦争の責任をとる形で

自害して死にました。そこで，残る6人だけが起訴の対象となりえたのですが，板垣・東条の2人は死刑，南・荒木・畑の3人は無期禁固刑の判決をうけました。つまり，中村1人をのぞいて，ほとんど全員は〈A級戦犯〉として起訴されるか，起訴以前に自害したことになります。

一方，海軍大臣で〈A級戦犯〉として起訴されたのは，永野と嶋田の2人だけでした。そのうち永野は裁判中に病死したので，判決は出ず，嶋田は〈無期禁固刑〉を受けました。

つまり，陸軍大臣の場合，ほとんど全員は〈A級戦犯〉として起訴されるか，起訴以前に自害したのに対して，海軍大臣の場合は，9人中2人だけが〈A級戦犯〉として起訴されたのです。だから，前の予想の〈ウ〉が正しかったことになります。

敗戦後〈A級戦犯〉とされたのは，戦時中の大臣だけではありません。東京国際裁判で〈A級戦犯〉として起訴されたのは28人でしたが，そのうち死刑にされたのは，外務大臣を歴任し首相ともなった広田弘毅のほかは，陸軍大・中将の東条英機元首相／板垣征四郎／土肥原賢二／木村兵太郎／松井石根／武藤章の6人で，海軍の軍人は含まれていませんでした。

この〈陸軍と海軍の違い〉は，単なる偶然でしょうか。

そうではありません。

じつは，「陸軍が戦争への道を突き進んでいたのに対して，海軍はその戦争を何とか食い止めようと努力していた」ということは，敗戦前から一般国民にもかなり知られていたのです。

それでは，海軍ではどんな人が中心になって，陸軍に対抗していたのでしょうか。

〈5対5対3〉の艦船比率をめぐる問題

じつは，第一次世界大戦（1914～18年）以後の世界は，第二次

世界大戦の前夜とはまったく違って，世界全体が平和のための国際協調ムードに満ちていたのでした。国際平和を維持するための世界最初の組織として〈国際連盟〉も1919年2月に発足しました。

それでも，大戦があったばかりのことですから，どの国も軍備を増強しないわけにはいかずに，軍事予算の増大に苦しんでいました。軍艦を建造する予算が国家予算の中で何割もの割合を占めてしまうことが分かってきたのです。そこで米国は，1921（大正10）年に当時の世界の主要国だった〈英国・日本・フランス・イタリア〉に働きかけて，〈軍備制限などを討議するための国際会議〉をワシントンで開きました。

このとき，それに応じて日本も，元海軍大臣だった加藤友三郎海軍大将を全権大使とする一行を，その国際会議に派遣しました。

日本の加藤代表は明治初期に海軍兵学校で英人教師から海軍教育をうけたので，英語はペラペラで，米国・英国の代表とともにその会議をリードしました。そして，〈海軍の防備は各国とも現状維持〉として，現在造船中の艦船もすべて廃棄することを提案し，各国の同意を得ることに成功した，といいます。その結果，米・英・日の主要艦船は〈5対5対3〉の割合に固定することになり，それに応じて海軍の全面的な縮小を図ることが決められました。

私は敗戦前に，「日本は英米に対して艦船の割合を〈5対5対3〉の割合に定められた」ということを知ったとき，それは米国や英国の軍事的な圧力によって押しつけられたものとばかり思っていました。ところが，必ずしもそうではなかったのです。緒方竹虎著『一軍人の生涯』（共和堂　1983年）には，「加藤は，大戦後の世界的新情勢と，八八艦隊〔1907年に日本で最初に制定さ

れた〈帝国国防方針〉で〈戦艦八隻・装甲巡洋艦八隻〉と定められたので，その艦隊を〈八八艦隊〉と呼んだのです〕完成のわが国家財政に及ぼす影響とを考え，率先会議を利導〔リード〕して海軍休戦を実現せんとし，そしてそのことに成功したのである」と書いています。

少し余談になりますが，私は一時「江戸時代初期には日本でも〈弾丸の飛ぶ軌道〉を放物線とした人がいた」ということを発見したので，火砲の歴史研究の権威だった〈有馬成甫〉という元海軍少将と個人的に親しくしていたことがあります。その有馬さんは，ワシントン軍縮条約のために海軍大佐のとき海軍から身をひいていたのです。そのご有馬さんは国学院大学に入学しなおして〈軍事史〉の研究で身を立て，文学博士の学位も得て，科学史家としての活動もするようになっていたわけです。当時の海軍には，各国ともそういう，〈失業者〉がかなりいたのです。

さて，ワシントン条約では初め，主要艦船の割合を〈5対5対3〉と定めただけで，補助艦船の割合については定めていませんでした。それで，そのご補助艦船の割合のことが日本国内で大きな話題になりました。そして，「補助艦隊の比率は〈10対10対7〉を絶対に下らないこと」と強硬に主張する人々が現れて，そのことが海軍内部で大きな問題になってきました。世界の国際平和協調ムードがだんだん崩れてきたことを反映しているのです。

百発百中の砲一門は，百発一中の砲百門に対抗し得るか
　　──海軍の合理主義の伝統

陸軍には精神主義的で合理的な考えを尊重しない伝統があります。それに比べると，海軍のほうがずっと合理主義的な伝統

がありました。いくら力んでも，軍艦という物体が沈んでしまえば負けてしまうのですから，物体の法則を無視することはできないのです。もちろん，陸軍だってすぐれた武器があるとないのとでは，違います。しかし，陸軍はあまり新兵器を重視しませんでした。

　開戦前夜，私が小学生5〜6年生のとき，いきなり模型飛行機作りの授業が重視されるようになりました。「〈科学する心〉の育成」が強調されるような小学生時代だったのです。そのような教育方針がとられるようになったのは，1939年8月に満州・蒙古国境のノモンハンで，日本軍がソ連の機動部隊に壊滅的な損害を与えられて以後のことなのです。それまでは，軍国主義的な教育というと，「精神力を養うことが大切だ」と精神主義的な教育ばかりが重視されていたのです。

　海軍でも，精神主義が皆無だったわけではありません。日本の海軍では，日露戦争のときロシアのバルチック艦隊を壊滅させた東郷平八郎元帥が「軍神」として尊敬されていました。その東郷元帥が亡くなったのは1934年5月のことで，それまで海軍への影響力を保持していました。

　しかし海軍には，〈軍神東郷元帥〉の権威に歯向かう自由もありました。1930年1月，当時大佐だった井上成美は，海軍大学校の教官になりましたが，その講義の中で，
　　「〈百発百中の砲一門は，百発一中の砲百門に対抗し得る〉
　　との思想を批判せよ」
という課題を与えました。

　じつは，そこで「批判すべき思想」として出された「百発百中の砲一門は，百発一中の砲百門に対抗し得る」というのは，東郷平八郎が1905年10月に部下たちに示した「聯合艦隊解散の辞」の中で言及したものだったのです。

それなら,「百発百中の砲一門は,百発一中の砲百門に対抗し得る」というのは,どこが間違っているというのでしょうか。
　この問題を簡単な算数の問題として,
　　$1/100 \times 100 = 100/100$
と考えれば,「百発百中の砲一門は,百発一中の砲百門に対抗し得る」と言って間違いないようにも思えます。
　しかし,そんな計算など使わずに,〈100門の大砲B〉が〈1門の大砲A〉と向き合って撃ち合う図を書いて考えたらどうでしょう。

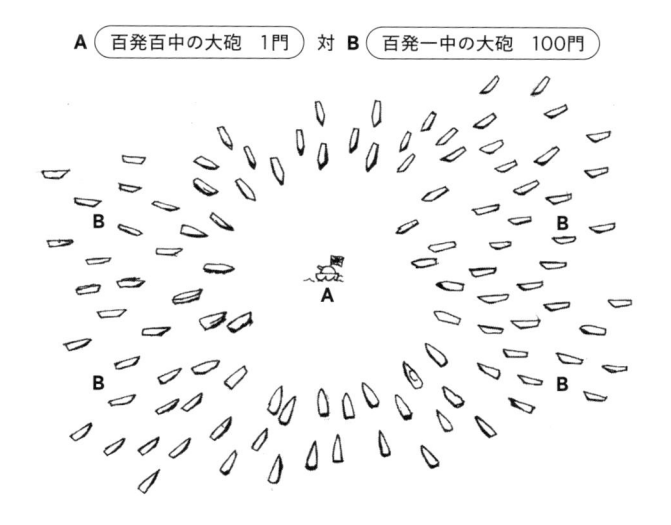

A 百発百中の大砲　1門　対　**B** 百発一中の大砲　100門

　この図で,Bの〈100門の大砲〉と,それと向き合っている〈1門の大砲〉が同時に弾丸を発射したとするのです。最初の一発目が同時に発射されたとすると,大砲Aは確実に,Bの大砲の一つを破壊します。ところが,その代わりAには,100門の

大砲の弾丸のどれかが命中して，ほぼ確実に破壊されてしまいます。Aは相手の1門を破壊しただけで，自分も破壊されてしまうのです。そう考えると，「百発百中の砲一門は，百発一中の砲百門に対抗し得る」などとは言えないではありませんか。
　「百発百中の砲一門は，百発一中の砲百門に対抗し得る」というのは，もともと「いくら物量が不足しても，訓練を積み重ねることによって百発百中の腕前にすれば勝てる」という教訓として引き合いに出されたに違いないのです。井上成美大佐は，こんな問題を出題することによって，安易な訓練主義に走ることを戒めようとしたに違いありません。井上大佐は，いくら訓練を積み重ね精神を磨いても，「物量にすぐれたアメリカと戦って勝つことなんかできっこない」ことを示そうとしていたのです。
　さて，そんなことを言うなら，英米と戦っても，日本には勝利の道はないことになるのでしょうか。
　井上大佐の学生たちも，彼に同じ質問をしました。そのとき彼は何と答えたと思いますか。
　阿川弘之著『井上成美』(新潮社　1992年) 71ページによると，井上大佐はこう答えています。

　　「戦略上，数理の上では勝てない。だが，……」

と言って，

　　「それには外交というものがある」

と付け加えたそうです。「戦争でなく国際的な話し合いで平和を求めるべきだ」と言うのです。彼は,「信念」や「訓練」で補

うとは言わなかったのです。

それが,「海軍きっての合理主義者」の考えでした。だから彼は,如何なる〈開戦主義者〉と出会っても,平和維持の主張を改めようとはしませんでした。

2・26事件での陸軍と海軍

その後,〈不合理なもの〉に対する対処の仕方が陸軍と海軍とできわめて異なることを人々の前に示す事件が起きました。1936年の2・26事件です。〈皇道派〉という陸軍の青年将校たちが1400人もの部隊を率いて,クーデターを起こしたのです。そのとき総理大臣の岡田啓介,内大臣の斉藤実,侍従長の鈴木貫太郎,大蔵大臣の高橋是清,陸軍教育総監の渡辺錠太郎,前の内大臣牧野伸顕という政府要人がつぎつぎと襲撃されました。総理の岡田啓介は人違いのため弟が犠牲になって助かり,鈴木貫太郎は重傷を負って命を取り留めましたが,斉藤実と高橋是清・渡辺錠太郎の大物三人その他が命を失うという大事件が起きたのです。

ところがこのとき,陸軍の将軍たちは,反乱部隊の前になすべきことを知らず,うろたえるばかりでした。

このとき,井上成美は海軍少将に進級していて,横須賀鎮守府参謀長の職務にありましたが,鎮守府司令官の米内光政中将の了解を取り付けて素早く軍艦を東京湾に派遣して,陸戦隊を反乱部隊に対峙させました。このとき天皇は,なかなか鎮圧に乗り出さない陸軍を叱りつけ,「自ら近衛部隊を率いて鎮圧に当たる」とまで言ったといいます。陸軍の将官たちには,反乱部隊の青年将校と似た考えをもった部分があって,なかなか鎮圧できなかったのです。そこで,その反乱部隊は,はじめ「決起部隊」とあいまいな表現で呼ばれました。そして,それが

「騒擾部隊」「行動部隊」に変わり，三日後になってやっと「叛軍」と呼ばれて鎮圧の対象となった始末でした。

　「大東亜戦争」以前の日本は，軍部が国民をあおって戦争に駆り立てたかのごとく言う人がいますが，そうではありません。牧口常三郎の地理教育の本にもあからさまに書かれていたように，その時代の多くの国民は〈中国侵略〉を是としていたのです。そこで，なかなかそれを実行に移さない政府に苛立ちを感じていたのです。青年将校たちは，そのような国粋主義的・侵略主義的な考えを行動に移して，反乱を起こしたというわけです。

　こんなわけですから，軍部が「中国侵略」の兵を挙げ，政府がそれを是認するようになるのは，時間の問題でした。だから私は，今なお「あの戦争はやむをえなかったのだ」という人々の存在が怖いのです。

中国侵略開始ごろに海軍省にそろった反戦派将官たち

　2・26事件から1年半ほど後，井上成美少将は，「海軍省軍務局長」という政府の要職につきました。海軍大臣，次官につぐ海軍省ナンバー3の地位です。ところが，そのときの海軍大臣は，2・26事件のときの井上少将の上役だった米内光政大将で，次官は山本五十六中将でした。この三人は，なんと，海軍きっての反戦派だったのです。

　1937（昭和12）年7月7日と言えば，井上少将が軍務局長に任ぜられるより少し前のことですが，今度は外地で事件が起きました。その日の深夜，中国の盧溝橋で日中両国の軍隊が衝突したのです。このとき米内光政は，海軍大臣として閣議に出席していましたが，その当時の彼の手記には，こう書いてあるそうです（阿川弘之『新版　山本五十六』新潮社　1969年128ページ）。

「昭和12年7月7日，蘆溝橋事件突発す。9日，閣議において陸軍大臣より種々意見を開陳して出兵を提議す。海軍大臣はこれに反対し，成るべく事件を拡大せず，速やかに局地的にこれが解決を図るべきを主張す。

11日，五相会議〔首・外・陸・海・蔵の5相＝5大臣の会議で基本方針を決めた〕において陸軍大臣は具体案による出兵を提議す。／五相会議においては，諸般の情勢を考慮し，出兵に同意を表せざりしも，陸軍大臣は5500の天津軍と，平津地方におけるわが居留民を見殺しにするに忍びずとて，強って出兵を懇請したるにより，渋々ながらこれに同意せり。……

陸軍大臣は〈出兵の声明のみにて問題は直ちに解決すべし〉と思考したるが如きも，海軍大臣は〈諸般の情勢を観察し，陸軍の出兵は全面的対支作戦の動機となるべき〉を懸念し，再三〈和平解決の促進〉を要望せり」

というのです。

じっさい事態は，米内が心配した通りに進行拡大して，米国の干渉を招き，それに反発した軍部がアメリカとの戦争を決意することになるのです。

ところで，米内光政・山本五十六・井上成美の三人が揃ったときの海軍省で，もっとも大きな問題は，日独伊三国軍事同盟の締結問題でした。

そのころ，第一次世界大戦での敗戦国のドイツでは1933年にヒットラーが政権を獲得し，1935年には再軍備宣言をするまでになっていました。1937年末にはヒットラーの『吾が闘争』の翻訳（抄訳）も日本で発行されました。日本でも国粋主義者たちを中心に，もっと広範な人々の間に強力なヒットラー尊敬熱が

高まっていたのです。そこで1939年1月6日には、ドイツの外務大臣が、「日独伊（日本・ドイツ・イタリア）三国軍事同盟案」を正式に提案してきました。

そのとき、陸軍はそれに大賛成でしたが、海軍の反応は違いました。ヒットラーと協力すると米英との開戦に引き込まれる恐れがあったからです。じっさい、その後起きた第二次世界大戦は、1941年12月の日本の真珠湾攻撃で始まったと思っている人がいますが、そうではありません。第二次世界大戦はその前、1939年9月1日にドイツ軍がポーランドに侵攻したことで始まったのです。

ヒットラーの『吾が闘争』の読み方の違い

日本でヒットラー尊敬が蔓延しはじめたとき、井上成美はこれを心配して手を打ちました。彼は、ヒットラーの『吾が闘争』には、日本人に対する露骨な軽蔑と嫌悪感を示した箇所があることを読み知って、海軍省内に軍務局長名で通達を出して、注意を促したのです。阿川弘之『井上成美』167ページによると、それは、

「ヒットラーは、日本人を〈想像力の欠如した劣等民族〉、ただし〈ドイツの手先として使うなら、小器用で小利口で役に立つ国民〉と見ている。彼らの偽らざる対日認識はこれであり、ナチス日本接近の真の理由もそこにあるのだから、ドイツを〈頼むに足る対等の友邦〉と信じている向きは、三思三省の要あり。自戒を望む」

という趣旨であったといいます。

ところが、これを読んだ省内の某少佐は、「ヒットラーの『吾

が闘争』には,そんなことどこにも書いてないぞ」と反発したそうです。その食い違いはどこにあったのでしょうか。

　じつは,井上少将は,ヒットラーの『吾が闘争』を原書で読んでいたのです。ところが,日本語訳書では,その部分は省略されていたというわけです。

　じつはいま私の手元には,その後の1942年に「全訳決定版」と銘打って出版された真鍋良一訳の『吾が闘争』がありますが,その訳書にもその問題の箇所はありません。それもそのはずです。その本の「訳者序」の「追記」には,

> 「本書は全訳と銘うち,また事実上全部を訳了したのであるが,原書258ページより261ページまでと,303ページより305ページにわたる箇所は,国情の相違から私自身として到底紹介し得ないものであり,かつ本邦とは全然無関係,また参考にもなり得ないものであるので削除した。／第二に原書317ページより328ページまでに至る箇所の一部は,大東亜戦下にあってある敵性国家がヒットラーの真意を曲解し逆用して,日独離間策として公布したところを含んでいる。敵の逆宣伝に用いたところを此処に訳出して敵性国家をしてまたまた利用せしめることは,私としてやはり出来なかった。同所はヒットラーがドイツ国民を奮起さす目的で,いわば〈テクニック〉として書いた論旨であるが,如上の理由から──マタ前後の関係上少し大きく──削除した」

とあるからです。井上成美は,いつも本物を求めて勉強を怠らなかったのです。

1941年1月に提出された「新軍備計画論」

　米内光政は三つの内閣の海軍大臣を勤めたあと，1939年8月30日に大臣の座をおり，山本五十六もそれと一緒に海軍次官をやめました。ところがその翌日，ヨーロッパではドイツがポーランドに侵攻して第二次世界大戦が始まりました。

　井上成美は少し遅れて10月に海軍省軍務局長をやめて，支那方面艦隊参謀長というポストにつきました。米内光政が心配した陸軍の全面的対支作戦は，どんどん拡大していったので，海軍もその戦争の片棒を担がなければならなくなっていたのです。

　三人が海軍省を去ったあと，政府は1940年9月には，三人が反対していた〈日独伊三国同盟〉の条約を調印してしまいました。そこで日本が新しい世界大戦に巻き込まれる心配がますます濃くなってきました。その少しあと，海軍中将に昇格した井上成美は，海軍航空本部長として日本に帰ってきました。

　1941年と言えば「大東亜戦争」が始まった年ですが，その年の1月30日，井上中将は「新軍備計画論」という意見書をまとめました。それは「日本の海軍の〈大艦巨砲主義〉をやめて，航空機を中心にした〈新形態の軍備〉に邁進する必要がある」ということを力説したものでした。その意見書の中で彼は，

> 「米国に対しあらゆる弱点を有する日本は，その弱点を守る方策を十二分に講じないかぎり，不本意の持久戦に持ち込まれ，一時は西太平洋上に王者の地位を保持しえたとしても，やがて陸海両作戦軍が全滅し，米軍の東京占領，日本全土占領のかたちで戦争を終わる可能性が強い」

ということを指摘しました。

つまり、その意見書は、このままでは「米国にはどう見ても勝てっこない」ということを前提にした「新軍備計画論」であったのです。

真珠湾攻撃は成功したが

　海軍はそんな悲観的な状況しか描けなかったのに、その年の12月8日、日本政府は米・英・蘭(オランダ)に対して宣戦を布告し、戦争を始めてしまいました。そのときの海軍大臣は、嶋田繁太郎大将でした。彼は海軍の伝統をやぶって、陸軍大臣の東条英機の言うままに戦争の片棒を担ぐことを承認してしまったのです。その結果彼は、敗戦後、海軍軍人としては例外的に、〈A級戦犯〉の一人として〈無期禁固刑(きんこ)〉を判決されたのです。

　日本が戦争をはじめたとき、国民の多くは真珠湾での大きな戦果に感動しました。そこで、連合艦隊司令長官の山本五十六は一気に国民的英雄となりました。

　緒方竹虎といえば、朝日新聞社の副社長まで勤めた言論人出身の政治家ですが、「大東亜戦争」が始まった1カ月後の正月、旧知の山本五十六に「感謝」の手紙を書いて出し、数日後にその返事を受け取りました。原文はとても読みにくいと思うので、わずかに現代風に読みかえて引用すると——

> 「元日(ねんご)の懇ろな言葉、恐縮に耐えません。〈敵の寝首(ねくび)をかいた〉とて、武士の自慢にはなりません。かかれた方の恥辱(ちじょく)だけだと存じます。／歯ぎしりして憤激した敵は、今に決然たる反撃に転ずるべく、海に堂々の決戦か、わが本土の空襲か、艦隊主力への強襲か、ご批判はその上にてお願い致したく存じます。とにかく、敵の立ち直るまでに第一段の作戦を完遂し、格好だけにても持久戦態勢までこぎつけ

たきものと心から願っております」

　山本五十六は, 米内光政や井上成美とともに, この戦争は「勝てない戦争だ」ということを充分承知の上で戦いをはじめたのです。それなのに, 多くの国民は, その勝利を見て, まるで日本がアメリカを打ち負かすことができるかの如く錯覚してしまったのでした。

　日本では, 昔から「失敗は成功のもと」ということわざがあって, 広く愛用されています。しかし私には,「成功は失敗のもと」という教訓のほうが大切ではないか, と思われてなりません。日本は日露戦争で,「とうてい勝てない」と思われていたロシアになんとか勝利しました。しかし, 日露戦争のときだって, 初戦は勝てない戦争ではなかったはずなのです。ロシアの表玄関はヨーロッパにあります。だから, 裏玄関のアジアで戦争するのは大変だったのです。それにその時の戦争では, 日本は米国や英国の力を借りて戦争を終結できたのです。

　ところが, 多くの人々は,「日本は神国だから, 勝てっこない敵と戦っても勝てるのだ」などと, 神がかりなことを考えるようになってしまったのです。私が「成功は失敗のもと」という所以（ゆえん）です。今度の戦争では, ほとんどすべての国ぐにを敵にまわしたので, ロシアとの戦争のときのように仲裁に入ってくれる国もなくて, 日本は完全に孤立してしまったのです。

　太平洋戦争だって,「太平洋地域の軍備だけ」を見れば, 日本軍は米英軍の戦力以上のものを持っていたのです。だから,「初戦で日本軍が勝った」としても当然のことと言えたのです。日本の海軍を支えた人々が心配したのは, 戦争が長引いたときの戦力だったのです。

　じっさい, その後の戦局は, 山本五十六や井上成美が心配し

た通りに進行しました。そして、ついに日本は「どのようにして敗北を認めたらいいのか」が問題になってきました。

そのとき、日本の支配層の人々が期待をかけたのは、海軍の米内光政や井上成美の力量でした。そこで、それらの人々は、ひそかに東条英機の独裁内閣を倒す運動をすすめ、そのあと、陸軍の小磯国昭大将と海軍の米内光政が内閣を作ることになりました（首相は小磯国昭）。それで海軍大臣になった米内はすぐに、当時海軍兵学校の校長だった井上成美中将を海軍次官になるように頼んで、敗戦後を見据えた内閣の運営に当たったのでした。

次官となった井上成美は、そのとき「海軍省の教育局長だった高木惣吉少将」に、秘密裏に〈終戦工作〉をするよう命じました。

この小磯内閣はまもなく倒れましたが、米内大将は「次の内閣（鈴木貫太郎首相）にも海軍大臣として留任して、日本を敗戦に導いて、それ以上の犠牲を払わずにすませた」のでした。

ここで、はじめに書いた天動説と地動説のことを思い出してください。「大きな考え違いを起こしたときには、これまでとはまったく違う視点をもとにして、はじめてそのまちがいを克服することができる」のです。「大東亜戦争」のさなかの日本のリーダーたちの中にも、これまで記してきたような人々がいて、やっと日本を敗戦にもちこむことがきたのです。

海軍兵学校の校長としての井上成美の仕事

さて、『たのしい授業』は教育雑誌ですから、海軍兵学校の校長としての井上成美の注目すべき仕事を見て、この「軍人たちの戦争と平和」に関する検証を終わることにしましょう。

それは、海軍兵学校での英語教育の話です。

大東亜戦争が始まる前から，英語は「敵性語」として排除されはじめていました。そこで，軍隊用語でも〈ゲートル〉は「巻脚絆(きゃはん)」と呼び変えるなど，「英語を日本語から追放する運動」が起こりました。「アルキメデスの原理」が「浮力の原理」，「ピタゴラスの定理」が「三平方の定理」と呼びかえられるようになったのもこの当時からのことです。

　そんな時代の風潮を反映して，陸軍士官学校では1940年秋から，その入学試験科目から英語を除外してしまいました。そこで，井上中将が1942年11月に海軍兵学校の校長に着任するとすぐに，「兵学校でも英語を受験科目から除外することの可否」が問題になっていました。そこで，教官会議でその問題を討議したあと，教頭の大杉少将が採決をとったところ，英語科の数人の教官を除いて，全員が廃止賛成の意志を示しました。

　そのとき，井上校長は，その多数決をそのまま受け入れたと思いますか。

　井上校長の答えは，「だめだ」でした。阿川弘之『井上成美』335ページには，そのときの井上校長の話が，次のように引用されています。

> 「いったい何処の国に，自国語一つしか話せないような兵科将校があるか。そのような者が世界へ出て，一人前の海軍士官として通用しようとしても，通用するわけがない。……私が校長の職にある限り，英語の廃止というようなことは絶対許可しない方針であるから，左様承知をしておいてもらいたい」

というのです。

　そう言えば，井上校長は，海軍兵学校の生徒が陸軍士官学校

の生徒と文通を含めて交際することも禁止してしまいました。「陸軍士官学校の生徒は思想的に未熟だから」というのです。

　教育上の真理は，科学上の真理と同じく，多数決で決まるのではないのです。世の中がおかしくなると，多数決の名でとんでもない横暴がはびこることになります。私はかつて「最後の奴隷制としての多数決原理」という論文を『たのしい授業』に発表しましたが（本巻に収録），最近の世界の動きを見て，あらためて，そのような議論の必要性を感じているところです。

　じつは，井上校長の英語教育持続論は，敗戦の近いことを自覚していた井上校長が，「敗戦後は確実に路頭（ろとう）に迷うことになりそうな兵学校生徒」の生きる道を考えてのことでもあったようです。実際，「当時の井上校長の専断（せんだん）に反発した兵学校の学生たち」は，敗戦後，英語を身につけていたために，とても有利に生きることができたのでした。そこで，それらの人々は井上成美の没後，井上校長に感謝の念をもって，その先見の明を掘り起こし，井上成美伝刊行会を組織し，その結果，異例にくわしい伝記をまとめて出版しました。そこで私も，「もう一つの選択肢を示した人」として井上成美のことを中心とした文章をまとめ，その仕事をぜひ多くの人に紹介したいと思ったのです。

［初出］
『たのしい授業』仮説社　2005年12月号　No.303

| 主要な典拠・参考文献 (出版年順) |

- 中川浩一校訂『(牧口常三郎全集4) 地理教授の方法及内容の研究』
  第三文明社　1981年12月（原著は1916年刊）
- 緒方竹虎『一軍人の生涯── 回想の米内光政』文芸春秋新社　1955年3月
- 阿川弘之『(新版) 山本五十六』新潮社　1969年11月
- 阿川弘之『米内光政 (上下)』新潮社　1978年12月
- 井上成美伝記刊行会 (代表・深田秀明) 編『井上成美』同会　1982年10月
- 宮野　澄『最後の海軍大将・井上成美』文芸春秋　1982年11月
- 藤岡泰周『(海軍少将) 高木惣吉── 海軍省調査課と民間人頭脳集団』
  光人社　1986年6月
- 阿川弘之『井上成美』新潮社　1986年9月
- 外山三郎『(日本史小百科) 海軍』東京堂出版　1991年3月
- 岡　文正『(愚将) 井上成美──日本の敗因を探る』
  サクセス・マルチメディア・インク　2002年5月
- 平塚柾緒『図説・東京裁判』河出書房新社　2002年7月
- 吉川弘文館『国史大辞典』全17冊　1979年3月～1997年4月
- 岩波書店『近代日本総合年表・第4版』　2001年11月

戦争は正義の衝突

中東戦争から学ぶ
「ケンカ両正義」の原則

〔編注〕
1990年8月2日にイラクが隣国クウェートに侵攻。国連は多国籍軍を派遣し，1991年1月17日からイラクを空爆。3月27日，イラクの敗北で停戦。

中東（湾岸）戦争が残したもの

　最近（1990～91年），イラクはすごい打撃を受けたでしょ。あれだけの打撃を受けたんだから，普通だったら「フセインはもう駄目だ」と思いますね。ところが，彼はまだ失脚していない。それどころか，その後イラク国内で起きた大規模な反政府暴動を鎮圧してしまいました。アメリカやイギリスがフセインを捕まえて裁判にかけようと躍起になっていたにもかかわらずにです。それはなぜか。

　つまり，イラク国民は，まだフセインを支持しているんですよ。フセインの闘いは勝利しなかったけれども，しかし，イラク国民にとっては「あれしかなかったんだ」という選択をして

いるんだと思います。だから今でもフセインを支持している。イラク国内でクウェート侵攻を支持している人々にとっては，あの行為は決して一時的な無茶とは考えていない。そういうことはやはりよく考えておかなきゃいけない。

　もちろん，アメリカはアメリカなりの正義のために闘ったわけですが，しかし結局，あの湾岸戦争をめぐる問題というのは何も解決していない。むしろ戦争以前よりも悪くなってしまったと私は思うんです。だって，イラクの人々はますます反米・反ヨーロッパの感情を高めてしまったでしょ。場合によっては反日ですね。一方，アメリカやその他の国の人々はますます反フセインです。それが単にフセイン個人に対する反感だったらいいんですが，実際にはイラク国民とか，アラブ民族，イスラム教徒全体に対する敵対感を増してしまったでしょ。だから結局，何の解決にもなっていない。もっとも中には「これですべてが解決した」と思っているおめでたい人も結構いるんですけどね。

喧嘩も戦争も「正義」同士のぶつかり合い

　今回の戦争を通じて，私にも学んだことが一つあります。それは，以前から言ってたことなんだけど，「喧嘩とか戦争は正義があるから起きる」ということです。「戦争が嫌い」と言うんだったら「正義が嫌い」でなければならない。「正義が好き」で「戦争が嫌い」というのは矛盾です。「情熱的な平和主義者」というのは，たいてい「情熱的な戦争主義者」になっちゃうんです。なぜなら，戦争というのはどんな場合でも「平和を守るために」行なわれるものだからです。

　戦争のために戦争をする人なんていません。戦争はいつだって「自国の平和を守るために」という正義同士がぶつかりあっ

て起きるんです。だからね,本当の意味での平和運動というのは,正義が嫌いな人でなければできないんですよ。だから,平和運動を正義の名のもとにやっている人を見たら,「ああいう奴は怖いぞ,すぐに裏切って戦争主義者になるぞ」と分かるんです。だって,「平和のために闘おう!」なんて言って,すでに闘ってるじゃないですか(笑)。

昔から「喧嘩両成敗」という考え方があって,子どもたちが喧嘩すると「両方とも悪い!」という言い方をするでしょ。学校で皆さんが子どもの喧嘩をおさめる時には,そういう言い方をする人が大部分じゃないかと思うんです。私が聞く限りはほとんどそうですね。でもそれは間違いだと思います。これはすでに岡山の二階堂泰全さん(笠岡市大島小)が仮説実験授業研究会の『ニュース』か何かの中で指摘していたことですが,「喧嘩は両方が正義なんだ」ということでおさめるべきだと思うんです。戦争だって,両方が正義です。ところが,普通の平和主義者は「戦争は両方が悪い」と言ったりする。でも,それでは何の解決にもならないんです。

たとえば,今度の戦争で「イラクがけしからん」とみんなが思っているところへ「イラクもアメリカも両方悪い」なんて言ったら,言われた人は必ず怒り出しますよ。「そんなことは嘘だ! 俺たちは正義だから正しい! フセインがけしからんから正義の名のもとに平和を推進しているんだ!」と威張るに決まっている。そしてそういう議論になったら,間違いなく正義を主張する方が勝つんですよ。平和主義者が「それでも正義を武力で通そうとするのはいけない」といくら主張したところで,「この場合は仕方がない,この場合はやむを得ない」とずるずると戦争の方向に流されてしまう。

喧嘩をおさめるための「ハウツー」

　ところが，たとえば「フセインがけしからん」という世論の時に，「そうだね，けしからんね。あなたの正義はわかるよ」と言えば，相手は一応納得するでしょ。そしてその上で「だけどね，フセインの側にも正義があるんだよ。クウェートというのはかつてイギリスが勝手に植民地にしちゃったところなんだ。あれはもともとはイラクの領土なんだ。そして，クウェートの一般大衆は現在のクウェート政府をほとんど支持していない。どちらかと言うとフセインを支持する動きさえあるんだよ。ヨーロッパ人が何と言おうと，彼らは同じアラブ人で，同じイスラム教徒で，同じアラビア語をしゃべる一つの民族なんだ。だから，彼らには彼らの正義があるんだよ」と言えば，「ああそうか，向こうには向こうの正義があるのか。しかしこっちはこっちで正義がある。両方とも正義だとしたら，これは闘うとヤバイなあ……」ということが分かってもらえます。
　子どもの喧嘩だって同じなんです。
「両方とも悪い」と言ったら，これは両方とも承服しません。

「おまえはどうして喧嘩したの？」
「だってあいつが殴ったからなぐり返したんだ。俺は正義だ」
「それじゃあ，おまえはどうして殴ったの？」
「だってあいつが俺の悪口を言ったんだ。やめろって言ってもやめないから殴ったんだ。俺が正義だ」

と，こうなるでしょ。すると先生は何と言うか。
「先生はいつも君たちに喧嘩をしちゃいかんと言っているだろう。だから，喧嘩した奴は両方ともいけないんだ！」

これはねえ，教師が自分の正義のために二人の正義を無視したんですよ。これはつまり「教師が一番偉い」という絶対君主制の時代の裁き方なんです(笑い)。でも，民主主義の時代だったら双方の人格を同権として認めなきゃいけないわけでしょ。「そうだよなあ，そんなに悪口を言われたら殴りたくもなるよな。おまえの言うことはもっともだ。それに，殴られたら殴り返すというのももっともだ。まあ，この場合両方とも正義なんだからさ，どちらの言い分もわかるよ。だけどなあ，おまえはちょっとくらい悪口言われても我慢しろよ。それで殴っちゃうと，こうしてまた話がこじれちゃうじゃないか。殴るくらいの気持ちになったその正義は認めるよ。でも，殴るのがちょっと早すぎたなあ。それから，おまえの方も殴られたから殴り返したって言うけど，相手が殴りたくなるほど悪口を言うなよな。まあ，おまえが悪口言いたくなる気持ちは分かるけどさ，適当なところでやめとけよ」と，そういうふうに説得できれば，お互いに一応自分の正義を主張できたんだから，ほどほどのところで妥協もできるようになると思うんです。

原理原則をたどって解決法を考える

　世界の戦争というものを鏡として，例えばクラスの中の喧嘩を見た時に「両方ともが不正義だと考えるよりも，両方ともが正義だと考えた方がいいのではないか」ということが見えて来る。どちらも数学的な構造からすれば同じように見えるかもしれないけれど，しかし処理の仕方から考えたら全然違うと思うんです。これも生活指導のハウツーのひとつだと考えていいと思います。

　つまり，喧嘩をしたり戦争をしたりしている当事者同士を説得する時には，双方の正義を認めてしまった方がずっとおさめ

やすいんです。「とにかく先生の目の前では喧嘩をしてくれるな」というような処理の仕方はぼくはすきじゃない。やはり,こっちの子どもの正義もあっちの子どもの正義も認めてやってほしいんです。喧嘩をした時には必ず正義があるんですからね。もっとも,時には「気分がむしゃくしゃしたから殴った」なんていうこともあるんだけど,これだって話をよく聞いてみると「おふくろに殴られたから」とかさ(笑い)。「おふくろに殴られたからって,どうして友達を殴るんだ。そんならおふくろさんを殴れ」ということになる(笑い)。そして殴られた方には「あいつも可哀相な奴なんだ。おふくろさんとうまくいってなくてさ。だからあんまり怒るなよ。分かってやれよな」というおさめ方もできるわけでしょ。

　このように,トラブルが起きた時にそれをどう解決するかという問題でも,それを原理原則から考えていけば割合と自然に答えが出ることがあります。そしてそれらは結論だけ見ればどれも単純明解で,理解しやすいものである場合が多いと思うのです。

［初出］
『たのしい授業』仮説社　1991年9月号　No.107
(板倉聖宣『近現代史の考え方』仮説社　1996年所収)

1991年4月28日に行なわれた講演の一部。伊藤善朗氏が記録・編集したものをもとに著者が加筆。原題は「〈正義の味方〉が〈戦争の味方〉―中東戦争から学ぶこと」。
「イラクのクウェート併合」の問題やそこにおける〈正義〉については,『近現代史の考え方』(仮説社　1996年)に収録された「イラクのクウェート侵攻と教育における〈おしつけ〉」「アラブ諸国の人口・GNP地図」「二つの国の合併・併合の問題」などの文をぜひあわせて読んでみてください。

発想法かるた ❹
争いの元に正義あり

正義の恐ろしさ

「立場によって主張が変わる」という話が出たついでに,「戦争とか喧嘩というものは,もともと正義の主張のぶつかり合いから起こるものだ」ということを理解して欲しいと思って,取り上げることにしました。「正義,正義」と誰かが大声で叫ぶようになったら,「それが本当に正義か」ということを考えるだけでなく,「自分たちの側だけの正義をあまり主張すると悲劇が起きかねない」と考える余裕を持つことが大切でしょう。平和教育の難しいところです。正義がヒューマニズムを超えたらそれこそ悲劇です。「正義と正義が戦争を生む」といい換えてもいいでしょう。

[初出]
板倉聖宣『発想法かるた』仮説社　1992年（縦書き）

デマ宣伝を見破るには
科学的な考え方とは何か
——高校生のために

科学と「デマ宣伝」

　私たちが,科学的な考え方や態度というものを身につけなければならない最大の理由——それは,自然と社会との無意識的あるいは意識的なデマ宣伝にひっかからないような人間になるためではないでしょうか。

　私たちが「科学的な考え方」の必要をいまさらのように感ずるのは,私たちがそのような考え方を身に付けていなかったばっかりに大きな失敗をしでかしたと思われるときでしょう。そんなとき,「アッ,自分がうかつだった」というように,ただ一般的に自分をせめてもはじまりません。そんなときには,どうして自分があやまりにおちいったのか,そのプロセスを具体的に反省してみることがたいせつなのです。

　すると,たいていの場合,ただ自分がうっかりしていただけでなく,相手がわにも,うっかり者の自分をおとしいれるようなトリックがかくされていたことに気づくでしょう。うかつにトリックにひっかからぬような態度,これが科学的な態度といえるかも知れません。

例をあげて説明しましょう。昔の人々は長い間,「地球が静止していて太陽やその他のすべての星が地球のまわりをまわっている」と信じこんでいました。これはいわば,自然のトリック,デマ宣伝にひっかかったようなものです。じっさい,毎日太陽が東から昇り西に沈んでいくように見えるのですから,太陽が地球のまわりを回転していると思いこむのもごく自然のことです。

　私たちは,自らすすんでまちがった判断をしようなどとは思いません。わざとついうっかりする,などということはありません。ついうっかりするのは,相手がついうっかりまちがわすような仕組みになっているからです。

　そこで,私たちは,どういうときにそういうトリックにひっかかるのか,考えてみなければなりません。その一つの答えは先の例からもすでに明らかでしょう。見かけと本当のこととがちがうとき,私たちはしばしば見かけを真実だと思いこんでしまうのです。

　それでは,どうやったら見かけと真実とのちがいを発見し,トリックにひっかからないようにすることができるのでしょうか。この答えはあまり簡単ではありませんが,しかし,これだけはいえるでしょう。つまり,「外観だけでそれを真実と思いこんではいけない」という教訓をもとにして,見かけだけではなかなか信用しない疑り深い態度を身につければよいのです。

　じっさい,こういう疑り深い人間というものは沢山いるものです。きっと,それらの人々はいろいろのトリックにひっかかって,いやというほど痛めつけられた経験があるのでしょう。

　しかし,「疑り深い人間になること」というだけでは,いかにもみじめな話です。これはデマにひっかからないための防衛手段としてはよいと思われるかも知れませんが,この教訓自身が

またデマ宣伝に利用されることがあるからです。たとえば,見かけと真実とが一致するような場合にも「見かけにごまかされるな!」と宣伝して,理由もなく人々を懐疑的にすることに成功するとすれば,それは立派なデマ宣伝といえるでしょう。

　私たちは,ただ疑い深いだけでは何物もなしとげることはできないでしょう。私たちが疑い深くならなければならないのは,まちがいを少なくするためでしたが,そのために何もしないのでは,ますます多くのまちがいをおかしていることにならないでしょうか。

　19世紀の末に,科学者の間でも,疑い深いことをモットーとした経験主義という科学論が大いにさかえたことがあります。それらの人々は,科学者は直接経験しうることだけを問題にすべきであって,その背後にあるものまでを問題にするのは科学的とはいえないと主張しました。そして,これらの人々は,現象の背後にある神を否定すると共に,原子の存在まで否定することを要求しました。原子などというものは直接見ることはできないのだから,そんなものを考えるのは非科学的だ,というのです。

　しかし,その後の歴史は,あえて原子の存在を頭にえがいて研究をおしすすめた人々の勝利をあきらかにしました。このことは,ただ失敗をおかさないためだけに疑い深い人々の限界を示しているといえるでしょう。

　科学というものは,未知のものを知ろうという一つの積極的な行為です。ですから,失敗をおそれ,疑い深いという態度だけでは科学的態度とはいえません。私たちは,真実を求めるためには,未知のものについて大胆に予想を立て,その予想が真実であるかどうかを問いかけて,本当のことを知るようにしなければなりません。自分の予想がはずれていても,それはひと

つも失敗とはいえないでしょう。予想というのはあくまで予想にすぎないのであって、それがちがうかも知れないということは、あらかじめ十分承知している筈のものだからです。私たちは当たりそうもない予想ばかり立てて、いつまでも真実がつかめないというようなことがなければよいのです。

デマ宣伝を見破るには

これまで私は、自然科学の例ばかりをあげてきましたが、もっともおそろしいデマ宣伝の領域は、社会に関するものです。自然がいくらデマ宣伝のような外観をもって私たちをまどわすとしても、自然に悪意があるわけではありません。ローマ教会が、太陽が地球のまわりをまわっているように見える事実を宣伝するようになって、はじめておそるべきものになるのです。

私たちにとって、手品や奇術は面白い見世物です。ところが、これが心霊術師というような人々の手に渡り、まことしやかに宣伝されたら、どういうことになるでしょうか。「いまの科学ではまだ分からないことが沢山あるから、心霊現象などという不可思議なこともあるかも知れない」などという一部の科学者の懐疑論を付けそえられたりするのです。

そんなときにも、私たちは多くの場合、そのトリックを見つけることはむずかしいことでしょう。それは、たいていの人々にとって手品や奇術のトリックの種や仕掛けが見つからないのと同じようなものです。しかし、私たちは決して、空の弁当箱から卵がざくざく出てくるのが真実だとは思わないのですが、それと同じようなことがまことしやかに宣伝されたら、それも本当かも知れない、と思わなければならないのでしょうか。どう考えたらよいのでしょう。

第二次大戦中、政府はじめ新聞がこぞってひどいデマ宣伝を

したということは，その戦争を経験した人々にとってはなまなましい教訓となっています。あらゆる新聞がこぞってデマ宣伝をやりました。そんなとき，私たちはいかにしてそれがデマ宣伝であることを見抜くことができるでしょうか。これはみなさんに是非考えていただきたい問題です。

　これが分からないと，現在私たちの読んでいる新聞や雑誌がこぞってウソを書いたらごまかされてしまうかもしれません。大部分の新聞や雑誌がこぞってウソを書き，デマ宣伝をしはじめたとき，それを敏感に感じとり，真実のことを見定めるにはどうしたらよいのでしょう。

「デマ宣伝」にひっかからないためにいちばん大切なことは，相手，すなわち自然現象や他人の言葉にふりまわされずに，それ以前に自分の足場をしっかりと踏みかためることだ。——私はこういってもよいと思います。

　だいたい，「デマ宣伝」にひっかかるのは，自分よりも相手の方がくわしい情報をもっているか，あるいはもちうるような有利な立場にあるときに限ります。ですから，相手よりもより多くの情報を集めて，これに対抗するということは多くの場合できません。はじめから相手を信用していないときには自分たちで情報をたくさん集めなければならず，そういうときにはデマ宣伝などにひっかからないわけですから，こういう場合はここでは考えないようにしましょう。問題なのは相手がはじめから信用できないのではなく，多くの場合信用できるし，しかも相手にたよらなければならない場合です。

　話を具体的にするために，天動説と地動説の問題をとりあげてみましょう。太陽や月や星は，毎日地球のまわりをまわっているように見えます。そして，この重い地球が動いているなどとはなかなか信じられません。こんな場合，この地上から見え

る天文現象をはじめから信用できないというわけにはいきません。これからの時代には宇宙船にのって地球の外から宇宙をながめることができるかもしれませんが、いまのところ、それは不可能です。私たちはやっぱりこの地上から見える現象をたよりにして真実を見きわめなければならないのです。

それではこの場合、私たち人間は、どうして太陽や星が地球のまわりをまわるのではなく、地球自身が自転と公転をしているのだ、ということを見つけることができたのでしょうか。

コペルニクスの場合

天動説全盛の時代に地動説を唱えて、その基礎をかためたのは、ポーランドのコペルニクスという牧師の天文学者です。かれはどうして天動説のまちがいを見抜き、地動説に達することができたのでしょうか。

普通の本には、その事情を次のように説明してあります。——すなわち、コペルニクスは、運動は相対的なものであって、「見かけ」と「真実」とはちがうことがありうることに気づき、その上、くわしい天文観測によって地動説に達した、というのです。コペルニクスは新星を発見したので地動説を唱えることになったともされています。

しかし、これらの説明はみなまちがっています。運動が相対的なものだとか、「見かけ」と「真実」はちがうということは、天動説の最高権威プトレマイオスさえ、コペルニクスより千年以上も昔にはっきりと言っているのです。また、コペルニクスの天体観測もプトレマイオスたちのものより精度がおとっていたということです。また、新星が天文学上の大問題となったのはコペルニクスが死んでからあとのことでした。

それでは、どうしてこういうまちがった説明がうまれたので

しょうか。それはきっと，人間の科学的認識の発展というものが「新しい事実の発見——つまり，これまでの人類が知らなかった新しい情報の入手によってのみ可能である」というまちがった考えにもとづくものと思われます。このような考えでは，デマ宣伝を見やぶるためには，デマ宣伝の上をいく事実を知らなければならないことになってしまいます。

しかし，そのような事実を知らなくても，みんながよく知っている事実を考えなおせば，まちがった考え方を克服するきっかけをつかむことができることが多いのです。じつは，コペルニクスが天動説のあやまりをみとめ，地動説の建設者となったのは，そのよい例なのです。

それでは，コペルニクスはいったいどのようにして天動説のまちがいを見いだすことができたのでしょうか。そのきっかけは，当時の天動説の天文学の理論がいやにわざとらしいものになっている，ということに気づいたことです。

このことからコペルニクスは，それまでの天文学の理論や，天体の見かけの運動にふりまわされずに，もっと自由な，大きな視野のもとに，天体運動の問題を考えなおすことにしたのです。そして，かれは当時の天文学理論の以前にあった，大昔の自由な天文学の考え方をしらべてみました。

大昔の天文学の理論などより，より新しい，たくさんの観測をもとにした新しい天文学の理論の方が正しいにきまっている——普通の人ならこう考えるのでしょうが，コペルニクスはそうは考えませんでした。自分自身に自由な立場を確保するためには，大昔の自由な考え方をしなければならないと思ったのです。

コペルニクスはこうして，天動説が理論的に整然と整えられるまえには，地球が動いていると考えた人たちが何人もいたと

いうことを知りました。そこで彼も，そういう考えのもとに天文学の理論をきずいたらどういうことになるか，と考えてみることにしたのです。
　こうして自由な立場にたって視野広く問題を考えると，それまで地動説の難点と思われていたことが，じつはそうでないことも分かってきました。たとえば，プトレマイオスは，「もし地球が一日一回転ものスピードで動くとしたら，そのいきおいのために地球はバラバラにこわれてしまっているはずだろう」などといっていました。しかしコペルニクスはこれに対して，「もしそうだとしたら，天空の星はどうなるのだ。星は地球の中心からはるかかなたにあるから，それらの星が地球のまわりを一日一回転するとなると，地球が一回転すると考えるよりもずっと速く動くことになる。そんなに速く動いては星はバラバラになってしまう，と考えなくてもよいのか」といっています。
　新しい立場にたって，物事をさらに視野広く考えなおしてみると，同じ事実や理論からでも，まったく異なった結論の導びかれることがあるのです。相手のデマや宣伝にひっかからないためには，相手の言い分にのって，こまごました議論や行動にインチキがないかどうか，一つ一つ緻密にたしかめていっても，なかなかそのまちがいに気づかないことが多いものですが，おおまかでもよいから，もっと広い視野にたって問題を考え直してみると，案外相手のまちがいが見つかるものなのです。
　手品のトリックを解きあかすことは多くの場合むずかしいことです。しかし，それが手品であり，インチキであることだけは，ちょっと視野広く考えなおしてみれば明らかです。弁当箱からいくらでも卵がでてくるものなら，手品師は，卵屋になった方がもうかるはずですから！

［初出］
板倉聖宣「きみ自身の科学」として，高校生向けの雑誌『学生通信』三省堂　1964年4月号〜9月号に掲載。『科学と方法』季節社　1969年に，「科学的な考え方とは何か——高校生のために」として収録。同書で24ページ分のうち，ここには後半部分を収録。ここに省略した部分もとても示唆に富んでいるので，同書に収録されている「予想論」「誤謬論」などとあわせて目を通してみることをすすめます。

科学とヒューマニズム
私の教育原理

科学と人々との結びつきを緊密にしたい

　ハイキングなんかをすると，ときどき〈文学碑〉というのに出会うことがあります。そういうものを見ると，「文学というのは人々に親しまれているな」「普通の人たちがこういうものを見ると，なんとなく心が安らぐというか，そういう感じになっているな」と，つくづく感じます。しかし，私なんかちょっと嫉妬して（笑），「どうして〈科学の碑〉がないのだ」と思います。でも，すぐに「当たり前だな。今までの日本の科学は，学校では子どもたちをいじめ，社会では人々を恐れさせてばかりきたんだものな。だから碑なんてないのは当然だな」と思います。しかし私は，多くの人々が文学に対して抱いてきたように，〈科学と多くの人々との結びつきをもっともっと緊密にしたい〉と願ってきました。ところが，それは下手をすると押しつけになり，ますます人々を科学嫌いにしかねません。

　私はいくつかの科学博物館，児童科学館といったものの計画の話に立ち会ったことがあるんですが，やたらにこけおどしを

やりたがる傾向があるんです。ともかく最先端の技術を動員して,「科学ではこんなことができるぞ。どうだ,すごいだろ」と展示したりする。「そんなことはやめてくれ」と私は言うんです。「そんなことをやったら,みんな科学を怖がってしまうじゃないか」と言うんです。

　どこかから高価な実験器具を持ってきて不思議なことを起こしても,誰も不思議に思わないですね。多くの人々は「科学っていうのは,私たちの知らない所で何をやりだすかわからない。私たちのわからない不思議なことを起こすのが科学だ」と思っているんですから。しかし,先ほど実験したように,お菓子の袋に乾燥剤として入っている生石灰に水を入れて熱くさせたり,シリカゲルに水滴をかけてポンポンはねさせたりすると,それはびっくりしますね。だって,そういうものは高価な物じゃなくて,どうせ捨てる物でしょ,私たちの身近にあるものでしょ。そういう物で不思議な現象が見られると驚くけれど,たいそうな道具だとびっくりしない。科学者という魔法使いが魔法使いの道具を持ってきて魔法をやったって,それは当たり前で感動がないですね。

　だから,科学というものの成果を〈常人に思いもつかない成果〉という形でディスプレイするのは,決して科学を普及する道ではない。「科学はみんなのもの,自分たちのものだ」ということをわかってもらうには,シリカゲルに水をかけるような展示の方がずっといいと思うんです（笑）。

たのしい科学の伝統と「科学の碑」

　科学の歴史をみると,今の私たちにとっては当たり前になっていることでも,はじめはいろんな反対論者がいたことがわかります。そういう反対論者や最もわかりの悪い人々を説得する

ような形で進んできたのが科学です。誰かが威張って「これがわからない奴は馬鹿だ」とか，「これがわからない奴は進級させない，出世させない」という形で進歩してきたのではないんです。また，「こっちの人に科学がわかれば，そっちの人は馬鹿になる」というものでもありません。誰もが科学を自分たちのものにすることができるんです。〈みんながわかる〉，それが科学なんです。だから科学の歴史を勉強すると，「科学というのは本当に民主的なものだ」ということがわかります。それが，社会の生活を営む時の基本になります。

　一部の人々しか納得できないような真理というものは存在しません。だから科学がわかれば，〈自分たちの納得できないようなものを真理として押しつけられることに抵抗する〉，そういう人間性ができます。そして自分たちが正しい仮説をとらえたと思ったら，それを人々に説得してわかってもらう。押しつけるのではなく，わかりやすく説得する。そういう面で精神的な活動も始めることになります。

　仮説実験授業を実施された方は，「科学の世界では多数決が必ずしも真理ではない。今までの優等生が常に正しいわけではない。とんでもないような子どもが素晴らしいことを考えついて，それがみんなの共有の財産になる」という経験をされた方がいると思います。たとえば「シリカゲルに水をかけて実験してみよう」なんてことは，優等生はなかなか考えなくて，とんでもないはみ出しっ子が考えたりします。私は，仮説実験授業を通じて，子どもたち，先生方，さらに父母の間に確実に「科学の素晴らしさ，たのしさ」が理解してもらえることを確かめることができました。それが仮説実験授業の大きな成果だと私は思っています。そしてその成果をもとに，〈科学の素晴らしさを讃える碑〉の建設を計画しています。

その「科学の碑」(新潟県魚沼市大沢) には,

> 科学は, 大いなる空想をともなう仮説とともに始まり, 討論・実験を経て, 大衆のものになってはじめて真理になる。

> 科学は, 民主的な社会にのみ生まれ, 民主的な社会を守り育てる。

といった言葉を刻もうと思っています。(1990年5月に完成)

考えてみると, 戦後は科学についてのこういう話はほとんどありません。とくに多くの人々が接するジャーナリズムの世界では,「科学というものは原水爆をはじめ, 恐ろしい武器を作り出したものだ」「科学というものは無味乾燥な機械工場を作り, 無味乾燥な労働を作りだし, その上, 公害までを生み出した」という暗いイメージでとらえられています。それは, いわゆるインテリ的なセンスからすると, ほとんど告発されるべき対象ではあっても, 明るい未来を展望するような頼もしい存在ではありません。しかし, 私たちがいま〈科学の碑〉に刻もうとする文章は, どちらも〈科学というものは素晴らしいものだ〉ということを表現しています。これは, 戦後の, いわゆるジャーナリスティックな思想的な歴史からすると, 相当オメデタイ表現です。

科学は本来民衆のもの

日本人は, 明治維新以後「追いつき追い越せ」で,「欧米の先進諸国に負けないような豊かな日本にしたい」ということで勉強してきました。そして,「科学はわかんなくても飲み込め」と

いうように教育してきました。何しろ納得できなくても、飲み込んで試験の時に吐き出せば出世できたんですから。

だから、「科学というのは出世の手段・国力の増強の力として素晴らしい」と思えても、「その科学そのものが素晴らしい」と思った人がどれくらいいたのか。これが、ほとんどいないんですね。受験の勉強の研究をする教育者がいても、「科学の素晴らしさというものをみんなに伝えたい」という人はほとんどいなかった。ゼロではないけれど、ほとんどいませんでした。だから、本格的な科学教育というものが浸透しませんでした。

これは日本に限ったことではありませんで、外国でもそうです。ただ外国では権力機関が学校で押しつけることによって科学がはじまったのではないし、科学というものはもともと「異端」でしたから、権力者たちからはあまり尊重されてきませんでした。そこで、「科学が楽しい」と思った人々は、権力的な手段を用いずに、その科学を皆に知らせようとしました。そして、民衆と共にたのしい科学の伝統を築きあげてきたんです。途中でそれが「富を生み出す手段だ」というので体制的なものになってまいりましたけれども、科学というのはもともとは民衆のものだったんです。

そういう「民衆のものであった科学を自分たちのものとして取り戻そう」という底抜けに明るい集団というのは、どうも私たちの研究会以外にはあまりないようです。

私たちの研究会でも科学の暗い面を全く問題にしないわけではありません。科学が暗いものをもたらすことには人一倍気になります。そこで、環境問題の教育などにも力を入れてやっていますが、それは、私たちが「科学は本来明るいものなのに、時々おかしいことが起こる」と考えるからであって、もともと暗いものの中に明るさを見出そうとしているのではないので

す。そういう点で私たちは底抜けに明るいと思っています。

科学を学ぶと世界が明るくなる

　私たちにとっては科学は本来明るいものだから,「わからない」とか「つまらない」と言う子どもたちに対して,「こんなことがわからないのか」という脅しをかける必要がないのです。科学というものは皆にわかって初めて真理となるんだから,そういうものを子どもたちがわからないといって脅かす必要はないのです。そこで,「子どもたちがわかるように教材を組み直す」ということで,ほとんど全ての子どもたちがわかる〈授業書〉というものを開発することができてきたんです。

　そこでびっくりするのは,じつは「先生方自身がやはりそういう科学がわかっていなかった」ということがわかったということです。

　私個人はこのごろ自然科学についての教材を作っていませんでしたけれども,ごく最近,《自由電子が見えたなら》という自然科学の授業書を作りました〔第3期『仮説実験授業研究』第2集,仮説社刊に収録〕。その《自由電子が見えたなら》の内容を知っていないと「電気についてまるっきり知らない」といっていいくらいなんですが,授業書の枝葉末節の問題は別にして,全部の問題に完全に答えられるという人は中学校や高等学校の先生でもあんまりいないんです。だから「科学というものは,これまで本当に私たちのものになっていなかった」ということがわかる。中学校や高等学校の理科の先生を含めて,科学というものがちゃんとわかっていない。だから,仮説実験授業の授業書によってそういう科学というものの素晴らしさが初めてわかる。「ただ理解する」というんじゃなくて,私たち自身のものとして頭を回転させて世の中のことが目に見えるようになるんです。

ピカピカしたものを見たら,「あ,自由電子がウヨウヨしているな」という感じに見えるようになる。そういうような世界が開ければ,「科学というものを学ぶと世界が見えてきて,私たちの未来が明るくなりそうだ。科学って何と素晴らしいんだろう」という感じになります。そしてその科学の考え方,自然科学の考え方を,社会や人間関係とかいうものに推し及ぼすことができるようになるわけです。

瞬間的な楽しさと全体的な楽しさ

　ところで,《自由電子が見えたなら》という授業書は,前に作りかけていた〈電気を通すもの通さないもの〉という授業書の全面改訂版なのですが,前の授業書の後の方に「仁丹粒は電気をよく通すだろうか」という問題がありました。これはとても楽しい問題で,〈間違える楽しさ〉を味わってもらうことを狙いとしていました。じっさい,この問題はほとんどの人々が間違えて,「ええっ,そうなの！ 仁丹も電気を通すの！ それなら銀ピカ,金ピカのものは全部電気を通すんだね！」と感激的にわかるようになっていたのです。

　ところが,今度の改訂版の授業書ではそういう〈間違える楽しさ〉をあえて削除しました。「仁丹粒のような自由電子がウヨウヨしていて,金属光沢のあるものはみな電気をよく通す」ということを先に教えてしまってから,「それなら仁丹そのものは電気を通すだろうか」という問題を取り上げることにしたのです。先に「自由電子というものは仁丹粒のようなものだ」と言ってしまっているから最初から予想が当たるようになったんですが,「それじゃ楽しくないか」というと,そうじゃないんですね。そういう誘導尋問をされたって,やっぱり心の底では仁丹粒が電気を通すなんて思えないからです。思えないんだけ

れども,「この授業書に書いてあるところに素直に従うと,電気を通すことになるなあ」というんで,「ここはひとつ自分を殺して授業書に賭けよう」といって予想を立てるわけです。反対派がいないんだから討論も起こらず,実験すると当たります。そうすると,「当たっても全然興奮しないか」というと,そうじゃない。「当たったあ!」となるわけです。

そのとき,「僕の直観的な考えよりも授業書の考えの方が正しい」ということがわかるんです。それで「これから授業書の考えでいこう」ということになります。それでもうれしいんですね。他人からの借り物の仮説を持ってきて当たったわけですが,それで「自分の予想が当たった喜びと,はずれた喜びの両方」が味わえているというわけです。

瞬間瞬間の楽しさというものも無視できないけれども,仮説実験授業では,授業書全体の流れの中で「ここは〈当たる喜び〉,ここは〈はずれる喜び〉」といったものがあります。〈当たる喜び〉ばかりだと全然つまらない。新しい世界が開かれないからです。〈はずれる喜び〉ばかりでも全然つまらない。全体の満足感は〈当たる喜び〉と〈はずれる喜び〉の両方がなければいけないのです。そして,その中で〈今まで知らなかった世界〉がだんだんと見えるようになってくるのです。「世界を見るための最も基本的な視点を私たちが獲得した」というので見えるようになるのです。それは,何か知らない不思議な機械を持ってこられて不思議なことが起こるのを見せられて,「ああ,魔法の世界に連れて行かれたなあ」と思わされるようなのとは違います。それこそ仁丹粒だとか10円玉だとか100円玉だとか,アルミホイルだとかいうもので実験して,そういうごく当たり前のものの中にある自然の法則性を知る。そして,科学というものに対して親しみを持つ。そういうことが私たちをすご

く明るくしている原因なのです。

みんながすぐに「素晴らしい子ども」にはならない

　学校の先生が少し余裕を持ってくると、〈授業の中での子どもの喜びというものだけでは満足しきれなくなる人〉がでてきます。「理想的な科学教育, 仮説実験授業なんかをやっていくと, それを受けた子どもたちは一体どうなるのか」といったことを問題にしだすのです。
「この子どもたちは, 理科の授業, あるいは仮説実験授業の時だけはとてものびのびしている。しかし, ほかの所では暗かったり, あるいは暗いだけではなくて私たちが思ってもみない悪いことをする。変なところで社会や学校に反抗したりする」ということが気になれば, 「仮説実験授業というものがどれだけ子どもたちの心に染み入っているのだろうか」ということが気になる人がいて当然のことだと思います。
　しかし, 子どもが, 1時間, 10時間, あるいは一つの授業書, あるいは何年間か仮説実験授業をやって, 先生が「見違えるほどに素晴らしい人間になった」ということがあったとしたら, 私は「それはかえって恐ろしいことではないか」という気がいたします。〈素晴らしい〉というものが何を表現するのかわかりませんが, その先生が〈素晴らしい〉とイメージしている人間になった……「その先生の思惑にのっちゃった」ということではないか。一人ひとりの子どもには, それなりの家庭の事情もあるし, それなりに違った人生の歩みがあります。いくら学校の教育が同じであっても, そういうことは違うわけですね。だからそういう全然違う所で〈同じような人間ができる〉はずがないと思うのです。
　先生方はなにしろ〈大学を出たから先生になった人〉が大部

分です。今だったらあまり豊かでなくても大学に行けるかもしれませんが、少し前だったらある程度豊かでなければ大学に行けませんでした。家庭環境も普通の子どもたちの平均より上だったりします。そういう人の描く〈素晴らしい人間像〉とは違う〈子どもたち自身の人間像〉があっていいわけです。絶えず夫婦喧嘩をしたり、絶えずおかしなことが起こっている社会の中で生まれ育っている子どもたち。そういう子どもたちが、変なふうに、豊かな、何も問題のない家庭に育った子どもと同じような優等生になったとしたら、私には気味が悪い。

　子どもたちが抱えている問題というのは、子どもたち自身が仮説実験授業を学んで得たことをもとにして、自分たちで徐々に解決するメドをつけていくほかないんじゃないか、と私には思えます。誰にもそれをいっぺんに解決なんかできるはずがないんです。生活指導の先生もできない。子どもにだってできるはずがない。しかし、問題は自分が抱えているわけで、「問題を解決しなければならない」という問題意識だけは持っている。だから、いくつかのヒントを頼りに生きていくことになります。

お説教ではわからない

　いろいろな問題のある家庭に生まれたり、環境で育ったりした子どもたちも仮説実験授業の中で「真理は多数決で決まらない」ということを体得したり、「真理は実験しなければわからない」ということを知ったり、「真理は予想外のこともある」ということがわかったり、「真理は実験しなくてもわかることもある」ということがわかったりします。こういうことはどの子どもたちにもわかります。仮説実験授業の授業書を一つ、あるいはいくつかの授業書をやって、そういうことを少しも感じない

ということは難しいことです。たいがいの場合,「真理は多数決で決まらない」ということをすごく感動をもって感じるし,「優等生がいつも真理を言い当てるわけではない。とんでもない子が当たる。いや,自分一人が当たったことだってあった。そして〇〇ちゃんみたいにあんなボンヤリした子,どうしようもない子がとんでもない時にいいことを言う」なんていうことを,すごく感動しながら知るようになるのです。そうすると「人間というものは,どんな人,どんな子がどんな風に社会的な意味があるかわからない。だから人間を大事にしなきゃいけない」などと思い知るようにもなってきます。

　よく道徳教育で「人間を大事にしなきゃいけない。どんな人間もかけがえのない子どもだ」などとお説教する先生がいるようですが,そういうことをすればするほど,子どもたちは「馬鹿は死ななきゃなおらないものだ」ということを感じるだけだと私は思います。そういうことはお説教してはいけないのです。お説教すればするほど,子どもたちは「そうではない」という確信を持つようになるからです。もちろん,お説教をすれば,子どもたちは「学校ではそういうことを言ってはいけない」ということを知るようにはなります。学校では「人はかけがえのないものだ。みんなが大事だ」と答え,そして心の中では,「いや,そうではない。ああいう奴は死んでしまった方がいいんだ」ということに確信を持って世の中に出ていくようになってしまいます。

1時間でも感動的な授業があればよい

　仮説実験授業では,「人間というものは,実にいろんな人間がいて,いろんな人間が社会を作っているんだ。俺だって捨てたものではない」ということに感動するんです。「わからない,わ

からない」と授業中に言っていた子がクラスの子どもたちにとても役立っていたり，ふだんガリ勉している子どもが役立ったり，いろいろな子どもの活躍に目が向くようになります。

よく劣等生たちが優等生のことを「あいつガリ勉しているからバカだ」とか「けしからん」とか言ったりするけれども，「やっぱりガリ勉する子どもは素晴らしいんだ」ということも認めるようになってほしいし，優等生には「勉強なんか全然しないで，暴れてばかりいて，変なことばかりやっている連中も素晴らしい」ということも感じてほしいと私は思うのですが，仮説実験授業の中ではそういうことがごく自然に思えてきたりします。

ふつう，そういうことはなかなか感じられませんね。ほとんどすべての大人は，そういうことを感動的に知ったり感じたりすることができないまま，学校で教えられたり文学を読んだりして建前的にわかっているだけのことが多いのではないでしょうか。「〈人間はかけがえがない〉と考えなきゃならない」と教わって，「そうなのかな。そうかもしれないな。だけどきっとウソだな。だけど学校ではそう言わなきゃいけないな。ウソだけれどもそれは美しそうなことだものな」と思うのです。

大部分の先生もウソだと思いながら，その美しさにひかれてお説教しようとします。人は，理想主義的なことを言うと，自分が美しいと感じたりしますね。自分が信じられないような理想的なことを言うと自分に惚れたりします（笑）。だからお説教したがるんです。そして子どもたちも「言葉は確かに美しいなあ」と思って，受け入れたいと思うけれど，同時に「ウソっぱちだなあ」と思う。もちろん，中には本当に言葉だけで美しさに憧れてくれる子どもたちもいますが。

しかし，そういうことをお説教するんじゃなしに，「心底そう

思えた瞬間があった」ということになれば，これはその人間の生き方にとって決定的なことだと私は思っています。でも，「子どもたちが昨日までやっていた非行を次の日にやめる」という形では現れません。現れるはずがない。10年後20年後になって，ふと新しい自分の問題とその昔の体験とが重なりあって，「ああ，そうだ」ということを思って，そして新しい生活を開いていくことに役立つんではないか。そんな形ではないでしょうか。

　私は，仮説実験授業を受けた子どもたちが，それは一つの単元だけかもしれない，あるいは1時間だけかもしれないけど，そういう体験をした子どもたちがそうでない子どもたちと決定的に違うことがあるに決まっていると思っています。そうとしか考えられないと思っています。「1時間しかなくて何の役に立つか」という人がいますが，「1時間もあればすごいではないか」と私は思います。数年の中に1時間しかなかったかもしれないけれども，そういう思いは強く心の中に残っていくのだと思います。

10年20年かかって体験することを数時間で体験する

　私の世代は社会の動乱の中に生きてきました。小中学校時代に戦争を体験して，戦争直後の生活難の時代を生き，学生運動の中を生き，平和運動・政治運動の中を生きてきました。そういう激しい変動の時代を生きてきた私たちは，その戦争中のことや敗戦の体験，食糧難や学生運動での経験などが複合し，ばねになって，いろいろな生き方をするようになってきています。それで，「あの人はあの時，ああいう体験をしたから，ああいう生き方をしているんだなあ」とわかることがあります。

　ところが，私がそうやって10年，20年かかってやっと体験し

たことを，子どもたちは数時間で体験しております。私は10年20年かかった骨身にこたえる体験で，やっと「真理は多数決で決まらない」ということを知りました。「私と同じ意見を持っている人が信用できるわけではなく，いま私と違う意見を持っている人でも誠実に生きた人間はもっと信用できる」ということを何年もかけて感じてきました。

　私は自分と同じ意見の人が必ずしも好きではありません。自分とは意見が違う人であっても，誠実に生きてきた人が好きです。そういう人たちとは10年後,20年後になっても意気が合うと思えるからです。今は自分と同じ意見のようであっても，生き方が誠実でない人，着実でない人は，やっぱり信用できません。私はそういう人たちから裏切られてきた経験をたくさん持っているからです。私は激動の時代を生きてきたせいか，そういうことを他の人々よりも多く体験してきたように思えます。

　私の大学での友人たちのなかには，素晴らしく優秀な人たちもいました。私は「こういう人たちは私なんかよりもずっと素晴らしい仕事をしてくれるだろう」と思っていました。ところが，そういう友人たちは世間に出てから私などよりずっと素晴らしいことをしてきたかというと，必ずしもそうなってはいないんです。どうも，小さいときからずっとまわりの人々からほめられ続けてきた人は，大人になってからちょっとした失敗をしてまわりからほめられなくなってしまうと，もうそれだけで自信を喪失して，「もう生きていけない」と感ずるらしいのです。子どもの時に挫折した経験のある人々は，他人からほめられなくなっても自分で自分を励まして生きていく智恵がつくのに，ずっと抜群の秀才として生きてくると，そういう智恵がつかないのでしょう。

　その他，まだまだいろんなことがあるけれども，そういう体

験……そういうことを体験するには50年はかかるんですね。

　しかし，不思議なことに仮説実験授業では，そういうことが授業書の中で体験できちゃったりします。恐ろしいことだと私が思うほどに体験できます。もちろんそこには時間の重みがないから，私が体験したことと，その時間の重みの分だけは違います。10年間,20年間もずっと信じていた人間に裏切られるのと，3時間信用した人間に裏切られる（笑）のとは重みが違います。しかし，理科の時間は3時間かもしれないけれども，それまで「あの子はすごく頭がよくて絶対に間違えない」と，ずっと思ってきたわけでしょ。それはずーっと長いでしょ。その子がとんでもなく間違える。あるいは「あの子はもうどうしようもない子だ。何ともしようもない。ああいうのは早く死んじゃえばいい」なんて思っている子どもがおもしろいことを言う。「ああ，俺よりいいところもあるなあ」と思う。そういう思いや体験が積み重なる。そういう場面がたくさんつながれば，これは必ず素晴らしい人間関係を築いていくと思います。それはすぐに現れるかもしれないし，10年後,20年後に現れることかもしれない。けれど，はっきりと信じることができると思うのです。

　私は形式的な民主主義というものを金科玉条にする人が好きではないし，そうかといって誰かがワンマンになることも好きではありません。一つの生き方というものは形式的なものでは割り切れないんです。形式的には割り切れない，そういうものを体験するには長い人生がいる。そしてそういう中でそれぞれに判断できる能力というものを見つける。そういう時には「真理は多数決で決まらない」「真理は優等生が決めない」「やっぱりガリ勉をするやつもいい」などいろんな複雑な，たくさんの確かな体験というもの，そういうものが自分たちの特殊な体験

と結びついて自分の生き方を決めていると思うんです。

　そう思うと，ある時には，短い期間には裏切られたようなことになったとしても，「今，あの人は裏切っているような行動を示しているけれども，必ずや私たちと同じような路線に行く」と，そういうことが信じられるようになると思います。

　そういうことは，私は全く無理なく信じることができます。仮説実験授業が可愛いからそう信じざるを得ないというんではなしに，「そうに決まっている」と私は思います。それは仮説実験授業の体験を基にしているし，その他の体験を基にしています。そして，それくらいのことはほぼ100％確信できると思っています。

仮説実験授業は，授業の内容・方法を新しくしただけではない

　私は，本当は仮説実験授業というものはもっともっと早く普及すると思っておりました。1963年に仮説実験授業を提唱した時は，「仮説実験授業というのはこんなに素晴らしいものだから，こんなに素晴らしいものがわからないはずがない」と思っておりました。だから私は「仮説実験授業の研究の軌道をひいたら，また科学史の研究にもどろう」といったことも考えておりました。そして，「私の専門分野に近い授業書だけを作っておしまいにしよう」などと考えていたんです。

　しかし，実際にはその後25年ほどたっても，私は仮説実験授業の研究から離れることができないでおります。その間に私の不得意な生物分野の授業書を作り，さらには社会の科学にまで研究の手を伸ばすようになってしまいました。どうしてでしょうか。その間に私は何を発見したのでしょうか。

　私はその間に，「仮説実験授業というのは，はじめ私の思っていたのよりもずっと大きな変革をもたらすものだ」ということ

を発見したといってもいいでしょう。仮説実験授業の授業書というのは，従来の教育観・科学観の変革なしには作成できないので，仮説実験授業の成果がいかに輝かしくとも，その授業書を作成できる人はなかなか現れ得なかったということもあります。

しかし，仮説実験授業というのは，授業のやり方，授業の内容を新しくしただけではなかったのです。仮説実験授業を実施するためには，人生の諸々の問題を解決しなければならないらしいということです。校長とのつきあい方，非行児・優等生とのつきあい方，PTAとのつきあい方，隣の先生とのつきあい方，そういうものの中で「何が一番大事か」ということが確信をもって選びとれなければ，授業にまったく新しいものを導入するなどという物騒なことはできないわけです。仮説実験授業というのは，そういうあらゆるものの変革と全部からみあっている。そこで，その授業を実施する人々も，そう急速には増えなかったというわけです。

仮説実験授業は，何党とか何主義とか思想信条については一切無関係だけれども，しかし，非常にはっきりした一つのものの考え方というものもあるようです。まず，子どもに対する無限の信頼があって，人間に対する無限の信頼があって，科学に対する無限の信頼があります。そして，そういう信頼がなかなかできない人とできる人とでは，受けとり方が全然違ってしまうんです。

「今までの社会の中では人間に対してそんなに信頼できない」という人たちは，そう簡単には仮説実験授業はできません。また，外国に仮説実験授業と同じものがあれば，「外国にあるから確かだ」と思ってくれる人がいるかもしれないけれども，幸か不幸か，仮説実験授業は日本特産であります（笑）。最近は外国

からも少しずつ関心が向けられているようではありますけれども，日本はまだ〈模倣の時代〉で，外国にあればそれを模倣しようという考え方が強い。そういう中でこういうものが生きていく。私は途中で，だんだんと「これは本当にたいへんなことをやったな」ということを思いました。「素晴らしいことをやっているんだ」という思いを深くしました。そこで抜け出せなくなってしまったんです。だから私は，これに全生涯を費やします。そういう思いで生きてまいりました。

人々の期待を裏切らない確かな生き方をしたい

　私たちは子どもの時からいろんなものの理想像を求めてきました。たいがいの人は誰かを理想像に，あるいはどこかの国を理想像にしてきました。「スイスがいい，西ドイツがいい，アメリカがいい，ソ連がいい，中国がいい，ベトナムがいい，キューバがいい，カストロがいい，毛沢東がいい」と，いろんな国や人たちを理想像にして「ちょっとあの人いいなあ。あの生き方いいなあ。ああいう国の行き方いいなあ」という思いを心に抱いてきました。そして10年経ち，20年経ち，30年経ち，50年経って，たいがいの人は裏切られ，そして「理想というものは如何にはかないものか」ということがわかって年老いていきました。

　多くの人々は賢明にも，〈昔の理想を忘れる〉ということによって裏切られたことも忘れるようです。寂しいことです。けれども，いま私たちが描いている理想というものは，これはかなり確かなものになるのではないかと私は思っています。少なくとも「確かな生き方がある」ということを，私たちは子どもたちの前にも父母の前にも，先輩・後輩たちの前にも示せるようにしたいと思っています。

私たちは「自分が満足するような心豊かな生き方をしたい」というとき，精神的に豊かな生活をしたいというとき，やはり他人の存在を無視しては生きられないようであります。それに最近の私は，「私自身が美しく生きるということは，同時に多くの人々の期待に応えて多くの人々の夢をはぐくむことにもなっているなあ」とも感じて生きています。いまどき，私たちのように明るい生き方を標榜している人間はあまりいないのですから，私たちには私たちを多少なりとも信用して下さる人々に対してそれ相当の責任があることになるからです。私は私たちを少しでも，五分の一でも信用してくれる人々が「裏切られた」と思わなくてすむように，いや「ますます夢が大きくなった」と思えるように，そういう生き方をしたいと願っています。

　私は学校の先生方とこうやってつき合っているわけですが，先生方もまた地域の父母の方々，仲間の先生，あるいは子どもたちとつき合っている。そういう人たちにとって，「ああ，ああいう生き方がある。ああいう生き方をすれば確かなんだ」と，なにも英雄とか豪傑とか偉人とかではなくて，「〈本当にああいう生き方ができれば，自分が一生楽しく，心豊かに生きられる〉と思える生き方をしてくださることも大事なんではないか」と最近はつくづくと思っています。

　少なくとも世の中に理想を託して生きた人間が，「あれは錯覚だったよ。科学というものはそんなに明るいものではなかったよ」というように思ってしまうかどうか。これは相手の人たちが科学をどういうものだと考えているかということにも少し関わってくるのですが，私たちが「私たちの科学」を子どもたちに伝えることに成功するならば，たとえ原爆が降ろうと公害がまかり通ろうと，「私たち自身の科学というものは素晴らしい」ということを言い続ける。そしてそれを私たちのまわりの

人々にわかってもらいたい。そしてそういう科学というものを育てたい。原水爆や公害の問題とかというのも、そういう科学を愛する人たちが増えてはじめて解決する力を持つようにもなる。そういうことを感じております。

　今回の講演の表題は、「私の教育原理——科学とヒューマニズム」というものでしたが、「ヒューマニズム」という言葉は出しませんでした。けれども、これが「ヒューマニズム」というのにもなるし、「私の教育原理」にもなると思うので、お許しください。

［初出］
『たのしい授業』仮説社　1989年10月号　No.81

板倉聖宣『仮説実験授業の考え方』仮説社　1996年に収録。1989年8月18日に愛知県／三河ハイツで行われた「仮説実験授業セミナー」での講演。貝野章さん（兵庫），渡部みゆきさん（広島），山田正男さん（愛知）らによる記録をもとに著者が加筆したのもです。

未来を切り開く力

経験が役に立った時代

　この世の中を生きていくときは，年々同じことの繰り返しであるようでいて，時折これまで経験したこともないような出来事が起きて私たちをあわてさせます。大地震が起きたり，火事や洪水になったり，戦争や大恐慌が起きたり，いろいろなことがあります。そんなとき，昔は年寄りの経験・意見を聞いて，なんとか切り抜けようとしたものです。長い間生きてきた年寄りはそれだけ経験が多いのでいろいろ知っていることも多く，落ち着いて判断できることも少なくなかったからです。そんなこともあって，昔から年寄りは大事にされ，当てにされてきたのでしょう。

激動の時代に生きる

　しかし，いくら年寄りでも，経験していないことがたくさんあります。そんなときは，経験を頼りにするわけにはいかないので，人々は心を迷わせました。江戸時代の末，アメリカの軍

艦が日本に現れて「貿易したい」といってきたときも、そのような場合でした。そして考えてみれば、私たちの生きていく現代社会は昔とは比較にならないくらい激動の社会です。

　江戸時代には、親が百姓なら子も百姓、親が町人なら子も町人と決まっていましたが、明治以後は親と異なる職業につく子が少なくなくなりました。そうなると、いくら親だといっても子どもの職業のことがわからずに、子どもは自分自身で新しい世界を開かなくてはならなくなりました。しかし、そんな場合でも、人々はたいていは若いころに選んだ職業を最後まで勤めあげたものです。

　ところがどうでしょう。このごろでは、一人の人の職業が一生の間にいくつか変わることも珍しくなくなってきました。自分では職業を変わりたくないと思っていても、その職業が成り立たなくなってしまうことも珍しくなくなってきたのです。昔は蒸気機関車の運転手などはとても格好のいい職業でしたが、いまでは蒸気機関車そのものがなくなってしまいました。昔の人はカネボーといえば「鐘淵（かねがふち）紡績会社」つまり綿糸をつくる会社を思い浮かべましたが、いまでは化粧品会社のことを思い浮かべるのがふつうになりました。私たちは、いつも「これまで通りに生きていけばいい」とのんきに考えていくことができなくなってきたのです。

　こういう社会は、大人の人々にとってはとてもきつい社会に思えることが少なくないようです。しかし、バイタリティーのある青少年には期待に満ちた社会に思えることも少なくないことでしょう。未来が過去の繰り返しである部分が大きかった時代には、経験の多い大人のほうが何かと便利だったのに、変動の多い社会では経験があまり力にならないから、若い生命力のある人々のほうが何かと有利になるともいえるからです。

人生八十年の時代

　しかし、バイタリティーがあるからといって、猪突猛進すると、とんでもないことになります。なにしろ昔は「人生五十年」でしたが、今は「人生八十年」の時代です。「若いころから人生八十年の計を立てるなんて、じいさん、ばあさんくさくていやだ」というのが本当のところかもしれませんが、ときには将来の展望といったことも考えてみなくてはなりません。

　それなら、私たちはどういうことを考えていけばいいのでしょうか。未来のことなんか誰だってわかりっこないのだから、いくら考えても無駄でしょうか。

　そんなことはありません。未来のことだって、そうでたらめに起きるわけではないからです。明治時代から少し前までの時代には、外国のこと、とくに欧米の先進諸国のことをよく勉強するのが、未来の日本の社会を見るコツでした。大正時代にアメリカで自動車が一家に一台近く普及したのを見れば、「五十年ぐらいあとになれば日本も同じようになるだろう」と予想することができました。アメリカでテレビが普及したのを見て、「日本でも十年ぐらいのうちにテレビが普及するだろう」と想像して物事を進めることができたのです。

　しかし、これからの日本の社会のことは、いくら先進諸国を見て歩いても、あまり見えてこないのではないでしょうか。日本はもうそういう先進諸国と同じ段階にまで達してしまったので、もう今後は自分たちで新しい時代を切り開かなければならなくなってきているのです。他の国々の人々が日本を真似する時代が始まっているのです。そういう時代には、どこかの国の産業や文化をそのまま真似るわけにはいきません。私たちはそんな時代に生きているのです。そういう意味で、私たちは日本

人全体として未来を切り開いていく必要があるのです。

誰が未来を切り開くのか

　こんなことをいうと、「そういうことは学校の勉強のできる秀才たちにまかせればいい。そんな未来を切り開くなんていうことは私たちに関係ない」という人がいるかもしれません。じつは、そんなことはないのです。先進諸国の後を追って産業や文化を築きあげるときは、学校での勉強が大きな力になることは間違いないのですが、新しい時代を開くには、学校での勉強はそれほど力にならないからです。すでにわかっていることなら、学校の勉強を一生懸命やればわかるようになります。しかし、まだ誰もやったことのないことは、いくら勉強してもわからないのです。

　それで、新しい世界を開くためには、たくさんの人々がそれぞれ自分の好きな方向にすすんでいって、どちらにすすめば新しい世界が開けてくるか探りだすことが必要になってきます。昔から先進的な社会というものは、そうやって築かれてきたものです。そういう社会では、これまでの日本のように、学校の優等生にばかり期待することはありませんでした。行動力のある人々がいろんな考えでもって未来の社会を築くことを目指して活動し、社会全体もそうしたことを大切にしてきたのです。それこそ、あらゆる人々がみな創意を発揮して新しい社会を築いてきたのです。あなた方のまわりにあるものを見てください。毎年毎年新しいものが生み出され、少しずつ便利な工夫が積み重ねられているでしょう。そういう工夫はどういう人々がやったのでしょうか。それは特別な秀才たちではありません。それこそ、いろいろな人々が知恵を出しあって工夫してきているのです。

個性重視の時代

　そういう工夫をするためには，できるだけいろんな考えのできる人が必要です。一人ではいろいろな考えができなくても，たくさんの人が集まればいろんな考えが出てきます。だから，みんなの考えを画一化してはならないのです。これからの時代は一人ひとりの個性がいままでよりもずっと大事にされる社会になってくるのです。これまでの日本人はとかく「みんな一緒に」という考えが強かったのですが，もっと個性を大事にしないと，未来の社会を切り開くことができなくなります。
「みんな一緒でないと，心細くて何もできない」というのでは，新しい社会は築けません。もちろん今後だって，いろいろな国々の中にすぐれた産業や文化を探し出して，それを真似ることが大切に違いないのですが，それがどこの国のどんなことかはわかりません。そこで，これまたいろいろな人がさまざまな関心のもとに，世界のあらゆる国々から多くのものを学ぶことが大切になってきます。これまでの先進諸国だけでなく，それこそあらゆる国々から多くのものを学ぶことが大切になってくるのです。考えようによっては，これから素晴らしい世界が始まるのです。いまの大人の人々が築いてきた時代とは違う社会です。そんなことを考えながら生きていけば，きっと新しい社会が開けてくると思います。

［初出］
板倉聖宣『まかせてほしいお父さん、お母さん』
尼崎市教育委員会　1988年3月（パンフレット）
（『知恵と工夫の物語』板倉聖宣／村上道子編著
仮説社　1998年所収）

〈心の持ちよう〉と現実

「転んでもしめた」という生き方

　私が自分の「人生論」を語ったことばの中で,「理想を掲げて妥協する」以外にも多くの人々に歓迎され活用されているらしいものに,「転んでもしめた」という考え方があります。

　多くの人々は, なにか自分のやろうとしたことがうまくいかないと, あわてふためきます。しかし,「転んでもしめた」という考え方を知っていると, そんなときでもあまりうろたえずに新しい事態に対応して積極的に生きることができるようになります。こんなことをいうと,「そんな気休めをいって！」と怒る人もいるようですが, まあ, 話を聞いて下さい。

　「私たちが何かをやろうとしてうまくいかなかった場合,〈転んだら大変, 失敗したら大変〉なんて思えるほど, 未来のことが見えるのか」というのが私の考えなのです。

　私の子どもの頃は中学校が義務制でなかったので, 私は一番近くにある市立中学校を受験したのですが, 見事落第して, 私立の中学校に行くことになりました。いまから考えると,「入

学試験の成績があんなに悪ければ落ちて当たり前」とも思えるのですが、そのときはすごく悲しく、また狼狽したことを覚えています。もちろん、そのときには「転んでもしめた」などという考え方を知らなかったのです。なんとはなしに、希望的観測で「合格できる」と思っていたので、不合格になってショックだっただけです。

しかし、いま考えてみると「合格したら幸せ、落第したら不幸」なんて、そんなふうに決まっているわけでもなかったのです。私は泣く泣く私立中学に通学するようになったのですが、その学校でも成績はふるいませんでした。日常的に勉強することを知らず試験勉強の仕方も知らなかったのですから、当然のことです。だから、「もしもあの市立中学校に通学していたら、ふだんの授業にも決定的に落ちこぼれていたのではないか」とも思えます。

その後も私はいろいろな学校を受験するなど、なんども〈人生の岐路〉と思われるところに立ったことがありますが、大人になるにつれて、「人生の未来はそうそう予見できるものではない」と思うようになりました。私の落ちたその中学校に合格した人の中には、私の合格した高等学校には落ちた人もいるのです。ある中学校に合格するのが高校合格への近道とはいえません。多くの人々は、「一流会社にはいるために一流大学にはいり、一流大学にはいるために一流高校にはいることが大切だ」などといいますが、それは確率論的にも怪しいし、ましてや自分や自分の子どもの場合はどうか、となると「全く怪しい」といわざるを得ないのです。私は大学院を出て研究所に勤めて以後も、いろいろな岐路に立ったことがありますが、そんなときほとんどいつも、「どんなによく考えてみても〈どちらに決まったほうがいいか〉私にはわからない」というのが結論に

なりました。いくら考えても先が見えないとなったら、偶然によって決めてもらうのが一番です。そこで私は、「どちらに転んだら、それぞれどんないいことがあるか」ということを考えて事を運ぶことを覚えたのでした。

　私たちは、ときとして「この場合はこうなったほうがいいに決まっている」などと思いがちです。しかし、よくよく考えてみると、なかなかそうではないようです。いろいろな条件を考えてみると、たいていの場合「どっちへ転んでもしめた」なのです。

　人間、「どっちへ転んでもしめた」と考えられるようになると、気持ちが大きくなります。そして、現実が自分の予想しなかった方向に進んでも、その新しい状況に応じて有利な点を見出してたくましく生きることができるようになります。私は、「どんな場合だって〈転んだからしめた〉という事態を思いつくものだ」と思っています。自分の思うようにならないと、そのつど狼狽する人は、新しい状況のもとで自分に都合のいいことがあっても、それを見逃すことになりがちです。しかし、「どちらに転んでもしめた」と考えられるようになると、ゆとりをもつので人生も楽しくなってくると思うのですが、どうでしょうか。

〈心の持ち方〉というもの

　こういうと、「それなら、どんなときでも、心の持ち方次第で幸福になれるか」という人がいるでしょう。

　たしかに、「おなかが空いてひもじくてたまらない」というときなど、いくら考えを変えても〈ひもじい〉という現実を変えることはできません。考えを変えると少しは耐え忍ぶことができることも確かでしょうが、やはり何かを食べなければ、抜本

的な解決にはならないのです。物質的な問題まで観念的に解決しようというのはナンセンスといえるでしょう。

しかし,最低の物質的条件さえ整えば,人間というものは,心の持ち方ひとつで,幸せにも不幸にも思えることが少なくないようです。生き方の下手な人は,なんでも不幸と考える傾向があります。いや,「なんでも〈不幸〉と考えたがる人」のことを,「生き方の下手な不幸な人」というのでしょう。

「人間の幸・不幸はすべて心の持ち方次第できまる」と言えば,それは宗教の世界とも言えるでしょう。しかし,心の持ち方というのは,宗教だけが取り上げている問題ではありません。宗教を嫌う人々は得てして,「心の持ち方なんて,そんなことで幸・不幸が変わるなんて,そんなことがあるものか。いくら心の持ち方を変えたって,貧乏人が金持ちになれるものではない」などと考えます。そこで,宗教を嫌う人々は,なかなか〈心の持ち方の問題〉を真剣に取り上げない傾向がありました。そこで,心の問題に悩む多くの人々を神秘的な宗教のほうに押しやってしまったともいえるでしょう。現代は「科学の時代」などと言われながら,神秘的・反科学的な宗教が栄えるのは,「科学の立場を大切にする人々が,心の持ち方の問題を真剣に取り上げてこなかったからだ」ということもできると思います。

すべての問題が心の持ち方で解決できないことは確かです。しかし私は,非常に多くの問題が〈心の持ち方〉を変えることで解決できることも,これまた確かなことだと思います。

ふだん心の持ち方ができていなくて,損な生き方ばかりしている人がいると思います。そういう人は,やはり「心の持ち方を改めたほうがいい」と思うのです。宗教に無関心だった人が,あるとき突然と宗教に夢中になるのは,「そんな心の持ち方の転換が人間の幸・不幸と深く関わりあっている,ということ

を発見したから」ということが少なくないことでしょう。自分の心の持ち方を変えることによって、それまで不幸としか思えなかった問題を不幸と感じなくなったり、幸福と感じたりもできることが少なくないからです。

　しかし、それも程度の問題です。食べるものもなくてあまりにおなかが減ったときには、やはり食べるよりほかありません。病気になったときには、やはり医学に頼るほうが確かです。そういうときまで「心の持ち方」で誤魔化そうとすると、あとで取り返しのつかなくなることもあります。心の持ち方ではどうにもならないこともあるのです。じつは、病気だって〈心の持ち方〉と深く関わっているので、心の持ち方で解決できる部分もないわけではありません。そこで話が厄介になるのですが、その〈程度の問題〉を見誤って、「すべての問題を心の持ち方で解決しようとしないこと」が大切だと思うのです。

　多くの人々は人間関係に悩むものですが、他人の悪口ばかりを言っているうちは、その人間関係の悩みはなかなか解決しないでしょう。何かの偶然でその人が目の前から消えてしまわない限り、あなたとその人との人間関係は続くわけですから、何とかしなければなりません。そういう場合、たいていは「相手が変わってくれればいい」「善意を示してくれればいい」などと思ったりしますが、なかなかそうはいきません。そんなときは、他人に「変わってほしい」と願うよりも、自分を変えるほうが現実的な解決法といえるでしょう。

「そんなこといっても、悪いのは相手なんだから、自分のほうで変わるのはいやだ」と思う人もいそうです。しかし、たとえ「悪いのは相手のほう」だとしても、相手がそれを認めて変わってくれる保証はありません。それなら、自分のほうが変わるよりほかないではありませんか。なにも「下手に出ろ」と言って

いるのではありません。その人に対する対応の仕方を変えて，それで相手の変化を待つよりほかないというのです。

「親切とおせっかいは紙一重」ということ

人間関係のもめごとは，「親切とおせっかいとは紙一重」という言葉を思い出すと解決できるものが少なくありません。
「相手は親切のつもりらしいけど，こちらはとんだ迷惑だ」と思われることもあるでしょうし，こちらが他人に対して善意で事を行っても，その人からは「余計なお世話だ」と反発され，嫌がられることも少なくないはずです。ところが，そんなときでも自分の善意を疑わない人々は，「人の善意を〈余計なおせっかい〉とは何事だ！」と怒ります。しかし，善意でやったことはみな親切な行為になるとは限りません。いくら善意でしたことでも，ときと場合によっては，「おせっかい」としか受け取れないことも少なくないのです。

いまの大人たちの多くは，古い〈修身〉教育などで，他人への親切を義務的なものと教えこまれたせいか，自分が親切にしてやりたくてやっていることでも，義務的にやっているかのごとく思いこんで，相手から「余計なお世話だ」などといわれると，すごく怒る人がいます。そんなことを続けていると，せっかく親切にしてあげたい人々との人間関係がまずくなって，喜ばれるはずの親切もしてあげられなくなります。だから，「親切というものは，義務的にするものとは限らず〈してあげたいからするもの〉だ」と考えることもできるようになることが大切だと思います。

ある行為が〈親切〉になるか〈おせっかい〉になるかは，相手の受け取り方次第，つまり実験的に決まるのです。自分が親切にしたつもりなのに〈おせっかい〉ととられたら，それも仕

方のないことです。だから,ときどき「おせっかいかも知れませんが」といってみたり,もしもおせっかいととられるような気配が見えたらすぐに「ああ,おせっかいでしたね。ごめんなさい」などと謝ることができるようにしておかなければならないのです。「他人に親切をしてしかも謝るなんていやだ」と思うようだったら,それは「親切をしてあげる資格がない」というものです。

　こういうと,「そんなこといったら,誰も親切をする人はいなくなる」と心配する人があるかも知れません。しかし,私は楽観的です。人間というのは,もともと「他人に親切にしてあげずにはいられない動物だ」とも思うからです。だからこそ,「親切とおせっかいとは紙一重」ということを知っていてほしいのです。

　世の中の問題を,すべて「善意と悪意」で考えようとする人が少なくないのですが,社会が大きくなって,さまざまな人々が一緒に生活するようになったら,そんなことでは済みません。人生論というと「心の持ち方の問題だ」とだけ思う人は,「善意で生きること」だけを問題にしがちですが,みんなが善意で生きたとしても,この世の中はよくなるとは限りません。みんなが自分の善意を押しつけあったりしたら,そんな世の中はやはり生きにくい世の中というよりほかないでしょう。

　私はあるとき,「これまでの歴史を見ると,大きな不幸な事件はたいてい,自分たちの善意,正義を疑わずに盲目になった人々が引き起こした,といえそうだ」と気づいて驚きました。そこで私は,「自分の善意だけを信じて,結果に盲目な人ほど恐ろしい人はいない」と思うようになったのです。そして,「自分たちの善意を大切にしながらも,たえずその善意によってしたことの結果を実験的に確かめながら生きることのできる人々だ

けが，今後の世の中を明るくすることができるのではないか」
と思っています。今後の社会は，「自分の判断を仮説とし実験
的に確かめつつ生きていくよりほかない」と思うのです。

[初出]
『たのしい授業』仮説社　1991年12月号　No.110

板倉聖宣『新哲学入門』仮説社　1992年に，タテ書きで収
録。ここに掲載したのは，同書の全6話21章のうちの第6
話第20章にあたります。同書第6話のタイトルは「〈心の
持ちよう〉と現実―理想をもって，しぶとく楽しく生きる
ために」。

あとがき

　東京の中学校の教師で，仮説実験授業研究会の熱心な研究者である中一夫さんに，「私の書いてきた文章のうち，とくに世に広めるに値する文章を選んで欲しい」とお願いしたら，広い意味での「民主主義」に関係する文章が多くなりました。そこで，それを『いま，民主主義とは』という表題にして世に出していただくことにしました。

　私自身「十分自覚していた」とは言えないのですが，言われてみれば，私はこれまでずっと「民主主義」という言葉にこだわってきたのでした。中学3年生のとき敗戦を迎えるまで，私は「民主主義」という言葉もまったく知らなかったと思うのに，いきなり「これからの世の中は民主主義だ」と教えられたのです。

　その後わたしは，科学の歴史を学び，科学の教育を中心に教育の研究を専攻するようになり，いつしか「科学／教育／歴史／社会／思想／生き方」に関係するすべてのことに深い関心を抱くようになり，自分でも驚くほどに多方面のことを研究するようになりましたが，その研究の中心は「民主主義」だったのです。

　こんなことを言うと，「いまさら民主主義なんて」という言葉も聞こえてきそうです。しかし，私はいつも時代遅れなのです。そういう時代遅れな人間が考え，行動してきた結果がこの本にとてもよくまとめられていると思います。中一夫さんが編集して下さったものを見て，私自身が驚いています。きっと，「すでに私の書いたものをたくさん読んできて下さった方がたも，本書を読めば，その考え方を整理できるのではないか」と思います。中一夫さんに感謝しつつ，この本を世に送ります。

　　　　　　　　　　　　　　　　　　　　　　　　板倉聖宣

自己紹介の試み
板倉聖宣

板倉聖宣（いたくら・きよのぶ，1930年5月2日〜2013年現存）

仮説実験授業の提唱で知られる科学史家・科学教育，〈社会の科学〉の研究者。

東京の下町に，兄2人，姉3人，弟2人，妹1人という9人兄弟の6人目として生まれる。父は医療機械の製造職人で，2〜3人の弟子とともに家の仕事場で手作業をしていた。小中学生のころは数学は大好きだったが，覚えることを馬鹿にしていたこともあって成績はよくなくて，公立中学校の受験に失敗して私立中学校に入学。「男5人の一人ぐらい軍人に」という周囲の圧力をうけた父に勧められて陸軍幼年学校に入学したが，4カ月あまりの在学で敗戦を迎え，社会の科学をふくめて本格的に科学を勉強する必要を痛感してはじめて勤勉になった。しかし，理科にも納得のいかないことが多くて，自信がもてなかった。1947年旧制中学校から旧制浦和高校に進学してから，哲学と科学史を勉強して「科学史を知れば自分でも納得がいくようになる」ということを発見。旧制大学を目指すことを断念して，新制東大に入学し，科学史を専門にすることを決意するとともに，三浦つとむの『哲学入門』に大きな影響を受けて，「真理に達するには，対象について予想をたてて積極的に問いかけることが不可欠だ」と確信するようになった。

当時はマルクス主義によって既存の権威をすべて疑う気風が濃厚だったが1〜2年生のころ学生運動にも参加する一方、当時全盛だったスターリンの言語論に疑問をもち、「科学的認識はすべて仮説をもって対象に問いかける実験によってのみ成立する」という考え方を確立した。大学では〈教養学科・科学史科学哲学分科〉の第一期生となったが、科学史を専門とする信頼できる教授が一人もおらず先輩もいなかったので、3〜4年生のとき後輩たちと一緒に〈自然弁証法研究会〉を組織。とくに地動説の歴史を研究して、「科学的な認識の枠組み」を変えることの困難なことを明らかにするとともに、「仮説実験的な認識方法を確立すれば、認識の枠組みを越えることも可能だ」という結論に達した。同じころ米国の科学史家クーンは〈パラダイム〉論を展開したが、それとは独立にほぼ同じことを問題にし、かつ、クーンが不可能としたパラダイムの限界を越える方法をも論じた。大学卒業の1953年手作りの雑誌『科学と方法』を創刊。その別冊として『天動説と地動説の歴史的発展の論理構造の分析』を発表。全国の大学生や大学院生を読者とした。

　学部卒業後、そのころ科学史の大学院はなかったので、理学部物理学科の大学院に進学して物理学史を専攻。科学教育の問題にも関心を深め、1959年には「理科教育におけるアリストテレス的力学観と原子論的・ガリレイ的力学観」を『科学史研究』に発表した。大学院では指導教官と意見が通ぜず、半年遅れて理学博士の学位を得、59年友人の紹介で国立教育研究所に入る。同研究所は文部省の政策に対立することを恐れて極度に自己規制していたので研究の自由がなく、そのため、はじめは教育の研究をさけて江戸時代の日本の物理学史の研究を開拓したが、1961年に米国のPSSC物理の成立を知って、研究所をクビ

になる覚悟で科学教育の研究を本格的に開始。1963年仮説実験授業を提唱する一方、『発明発見物語全集』と『少年少女科学名著全集』を編著して科学読み物の著者として知られるようになる。68年には『日本理科教育史』を著し、仮説実験授業を理科教育史上に位置づけた。

　仮説実験授業ははじめ理科教育分野に限ったが、1973年には遠山啓らと教育雑誌『ひと』を創刊して評価論など教育全般に研究の幅を広げ、80年ころからは《日本歴史入門》《おかねと社会》なども著し、社会の科学の研究もはじめるようになる。83年には月刊誌『たのしい授業』を創刊し、86年『歴史の見方考え方』をまとめ、88年には『模倣の時代』上下を著して、明治以後の脚気研究の模倣性の悲劇をえぐりだした。そして、92年には『新哲学入門』『発想法かるた』を著すなど、多方面の活動を展開した。そして1994年国立教育研究所を最後まで物理教育研究室長以上に出世することなく定年退職し、私立板倉研究室を創設。その後も〈サイエンスシアター運動〉を展開するなど、活動の幅をますます広げている。

[初出]
板倉聖宣『科学者伝記小事典』仮説社　2000年所収

[追記]
仮説実験授業の授業書のうち、とくに大きな成果をあげたのは《もしも原子が見えたなら》のほか、《自由電子が見えたなら》《力と運動》《分子運動論》《二つの文明の出会い》などがある。2013年5月、日本科学史学会の会長に就任して、科学史研究の大衆化にも力を注いでいる。

初出一覧（発表順）

　月刊誌『たのしい授業』（仮説社）に発表された論文が大部分です。それらについては，雑誌名と発行社名は省略し，発行年月と号数のみを記します。
　なお，「別の著書に採録されている」などの情報は，本文の各文末に記してあります。

♂「デマ宣伝を見破るには　科学的な考え方とは何か──高校生のために」
　『学生通信』（高校生向けの雑誌）三省堂
　1964年4月号〜9月号に「きみ自身の科学」として連載
♂「〈正義〉と〈善意〉を考えなおすために　禁酒法/禁煙法の歴史から」
　板倉聖宣『禁酒法と民主主義──道徳と政治と社会』仮説社　1983年
♂「正義と民主主義の問題としての「いじめ」」1985年3月号　No.24
♂「最後の奴隷制としての多数決原理」1987年4月号　No.50
♂「したくないことはせず・させず」1987年5月号　No.51
♂「未来を切り開く力」
　板倉聖宣『まかせてほしいお父さん，お母さん』
　尼崎市教育委員会　1988年3月（パンフレット）
♂「科学とヒューマニズム　私の教育原理」1989年10月号　No.81
♂「よいとおもったら考えをどんどん変える」1991年3月号　No.100
　原題「正義より真理の教育を──ミニ授業書案〈北方領土〉にふれて」
　より抄録
♂「戦争は正義の衝突　中東戦争から学ぶ「ケンカ両正義」の原則」
　1991年9月号　No.107
♂「〈心の持ちよう〉と現実」1991年12月号　No.110
♂「理想主義の再発見」1992年1月号　No.111
♂「実験すむまであきらめず」板倉聖宣『発想法かるた』仮説社　1992年
♂「予想変えるも主体性」　同上
♂「争いの元に正義あり」同上
♂「浮動票の思想　予想変更と意見の変更について」1993年5月号　No.128
♂「今後の理想をどこに求めるか　不思議な言葉「資本主義」のなぞ」
　1995年11月号　No.160
♂「自己紹介の試み」板倉聖宣『科学者伝記小事典』仮説社　2000年所収
♂「「正義の政治」にどう対処するか　「テロと戦争の時代の始まり」に」
　2001年12月号　No.247
♂「間接民主主義を見直す　直接民主主義の恐ろしさと，〈提案権〉〈決定権〉」
　2004年12月号　No.289
♂「軍人たちの戦争と平和　「歴史から学ぶ」とはどういうことか」
　2005年12月号　No.303
♂「オリーブ油と本と民主政治　古代ギリシアの文明の起源」
　2006年1月号　No.304

(編者紹介)

中 一夫 なか・かずお

1960年,鳥取県米子市に生まれる。

1985年,国際基督教大学（ICU,生物学専攻）卒業。東京で公立中学校の教員（理科）になり,現在に至る。教員3年めに仮説実験授業を知り,以来「たのしい授業」の研究と実践にはげむ。

特に1988年,子どもたちの感想文の束に圧倒され,その感動によって進路指導の研究がすすむ。その後さらに進路や仮説実験授業についてだけでなく,子どもとのつきあい方や環境／宗教問題など,教育・社会全般にわたって研究レポートをたくさん発表するようになる。太郎・花子・桃子という3人の子どもと妻との5人家族。

著書 『たのしい進路指導』仮説社　1997年,『タネと発芽』（共著）仮説社　2005年,『学力低下の真相』板倉研究室　2005年,『学校現場かるた』仮説社　2012年。そのほか,「カウンセラーと教師の対話」「教育学と仮説実験授業」「地球のいま,そして未来」など論文多数。

カバーイラストレーション…………浅妻健司
ブックデザイン……………………日下潤一＋赤波江春奈＋太田知里

板倉聖宣セレクション　1
いま，民主主義とは

2013年8月10日　初版発行（3000部）

著者 ……………… 板倉聖宣
　　　　　　　©Itakura Kiyonobu, 2013
編者 ……………… 中　一夫
発行所 …………… 株式会社仮説社
　　　　　　　〒169-0075　新宿区高田馬場2-13-7
　　　　　　　TEL 03-3204-1779　FAX 03-3204-1781
　　　　　　　mail@kasetu.co.jp　www.kasetu.co.jp
印刷／製本 ……… 図書印刷株式会社

用紙 ……………… カバー：MTA⁺-FS
　　　　　　　表紙：里紙・からし
　　　　　　　見返：里紙・つゆ
　　　　　　　帯：里紙・雪
　　　　　　　本文：コハク 四六Y72.5

Printed in Japan
ISBN978-4-7735-0242-8　C0330

定価はカバーに表示してあります。
ページが乱れている本はおとりかえいたします。

科学的とはどういうことか（いたずら博士の科学教室）
板倉聖宣著
あれっと思う問題，楽しい実験。A5判230ページ　1600円

禁酒法と民主主義（社会の科学入門シリーズ）
板倉聖宣著
それは「社会的な大実験」だった。B6判87ページ　1200円

生類憐みの令（社会の科学入門シリーズ）
板倉聖宣著
世界初。動物保護の理想と現実。B6判173ページ　1600円

社会の法則と民主主義
板倉聖宣著
社会についての常識を問い直す。B6判292ページ　2000円

たのしい授業の思想
板倉聖宣著
夢ではなくここまで可能なのだ。B6判346ページ　2000円

仮説実験授業の考え方
板倉聖宣著
教育・授業を根源から問い直す。B6判314ページ　2000円

未来の科学教育
板倉聖宣著
重さの授業書と，その授業展開。B6判234ページ　1600円

原子論の歴史　上（誕生／勝利／追放）　下（復活／確立）
板倉聖宣著
全編新発見に満ちた感動の文化史。B6判上下各1800円

教育評価論
板倉聖宣著
成績記録と評価思想・方法の歴史。B6判238ページ　2000円

望遠鏡で見た星空の大発見（やまねこブックレット）
ガリレオ・ガリレイ（1610年）　板倉聖宣訳
A5判70ページ　800円

仮説社　　価格は本体（税別）で表示してあります